AF391183

CORRESPONDANCE

IBN SAB'ÎN ABD OUL-HAQQ

AVEC

L'EMPEREUR FRÉDÉRIC II DE HOHENSTAUFEN.

PARIS,

ERNEST LEROUX, ÉDITEUR,

LIBRAIRE DE LA SOCIÉTÉ ASIATIQUE,
DE L'ÉCOLE DES LANGUES ORIENTALES VIVANTES, ETC.

RUE BONAPARTE, N° 28.

CORRESPONDANCE

DU PHILOSOPHE SOUFI

IBN SAB'ÎN ABD OUL-HAQQ

AVEC

L'EMPEREUR FRÉDÉRIC II DE HOHENSTAUFEN,

PUBLIÉE

D'APRÈS LE MANUSCRIT DE LA BIBLIOTHÈQUE BODLÉIENNE,
CONTENANT L'ANALYSE GÉNÉRALE DE CETTE CORRESPONDANCE
ET LA TRADUCTION DU QUATRIÈME TRAITÉ
SUR L'IMMORTALITÉ DE L'ÂME,

PAR

M. A. F. MEHREN.

EXTRAIT DU JOURNAL ASIATIQUE.

PARIS.

IMPRIMERIE NATIONALE.

M DCCC LXXX.

CORRESPONDANCE

DU PHILOSOPHE SOUFI

IBN SAB'ÎN ABD OUL-HAQQ

AVEC

L'EMPEREUR FRÉDÉRIC II DE HOHENSTAUFEN

PUBLIÉE

D'APRÈS LE MANUSCRIT DE LA BIBLIOTHÈQUE BODLÉIENNE,
CONTENANT
L'ANALYSE GÉNÉRALE DE CETTE CORRESPONDANCE
ET LA TRADUCTION DU QUATRIÈME TRAITÉ

SUR L'IMMORTALITÉ DE L'ÀME.

AVANT-PROPOS.

Un manuscrit arabe de la Bibliothèque Bodléienne contient
sept dissertations philosophiques dont quatre ont pour auteur
Avicenne, et la cinquième Fakhr ed-Dîn er-Râzi; la sixième
porte le titre suivant : « Livre des questions siciliennes, composé par Ibn Sab'în, et contenant des recherches sur l'âme,
en réponse aux questions qui lui furent adressées par un prince
chrétien »; la dernière, qui est un traité zoologique, a pour
auteur Ibn Dja'far ben Ahmed ben Aboùl-Asha'th [1]. L'honneur
d'avoir donné à la sixième question sa juste place dans la litté-

---

[1] Voir la description de ce traité dans *Cat. codd. manuscript. Bibl.
Bodl.*, éd. Al. Nicoll., t. II, p. 582.

ses disciples. Bien qu'il nous soit actuellement impossible de prétendre qu'il se trouve en tel ou tel endroit une interpolation, nous doutons pourtant fortement de l'authenticité de la section ajoutée à la fin de la dissertation, et qui donne, dans un style décousu, l'explication de quelques termes appartenant à l'anthropomorphisme du Coran, lesquels ont très peu de rapport avec ce qui précède. Quant à la préface, qui contient plusieurs indications concernant la vie de l'auteur, nous la donnons ici en traduction[1], comme nous l'avons indiqué. Selon notre opinion, elle a été composée par un adhérent de l'école d'Ibn Sab'în après la mort de l'auteur.

PRÉFACE.

Au nom de Dieu, le clément, le miséricordieux; c'est son aide que j'implore!

Le sheikh, l'imam célèbre, l'imam du peuple islamite, le prince des imams, la gloire des deux sanctuaires, notre maître, le pôle de la foi, Abou Mohammed Abd oul-Haqq Ibn Sab'în, que Dieu nous aide par les lumières qu'il lui a accordées et répande de nouveau sur les musulmans les grâces dont il l'a comblé! déclare ce qui suit sur les questions de l'empereur romain, maître de la Sicile : « Après avoir envoyé des exemplaires en Orient, en Égypte, en Syrie, en Irâq,

---

[1] M. Amari en a donné une traduction dans l'article mentionné du *Journ. asiat.*, 1853.

en Asie Mineure[1], en Yémen, et n'ayant pas trouvé les
réponses des savants musulmans satisfaisantes, l'empereur s'adressa aux savants de l'Ifriquia ; frustré dans
son espoir d'y trouver ce qu'il cherchait, il dirigea
son attention sur le Maghreb et l'Andalousie, où on
l'avait informé que séjournait un homme distingué,
nommé Ibn Sab'în. Il envoya une lettre au calife
Rashid, de la dynastie d'Abd el-Moumin[2], qui donna
l'ordre à son gouverneur de Ceuta, Ibn Khalâs, de
chercher le savant mentionné et de provoquer de sa
part les réponses à ces questions. En attendant,
l'empereur avait envoyé un bâtiment avec un ambassadeur et des présents considérables. Ibn Khalâs
fit venir l'imam Qothb ed-Dîn, et, sur l'ordre du calife, lui communiqua les questions. L'imam se chargea des réponses en souriant ; mais quand Ibn Khalâs
lui offrit l'argent apporté par l'ambassadeur de l'empereur, il le refusa en disant : « Je répondrai pour
la cause de Dieu et pour le triomphe de la foi
islamite, » et il ajouta le verset du Coran : « Dis-leur :
je ne vous demande aucune récompense, si ce n'est
l'amour envers mes parents[3]. » Alors il composa les
réponses, et l'empereur, les ayant trouvées satisfaisantes, lui envoya un présent considérable. Ibn Sab'în,

---

[1] Dans le texte arabe : *Doroub*, qui signifie les défilés de la chaîne
du Taurus, appartenant à la ville d'Anthalia (Adalia). Voy. la *Géographie d'Abou'lféda*, par Reinaud, texte arabe, p. 381.

[2] Le roi de la dynastie almohade Abou Mohammed ar-Rashid
régna de 630 à 640 de l'hégire (1232-1242 de J. C.). Voy. l'*Hist.
des souverains du Maghreb*, par A. Beaumier, p. 364-367.

[3] Voy. sur. XLII, v. 22.

l'ayant refusé de nouveau, fit comprendre à l'empereur chrétien son infériorité; ainsi Dieu fit triompher l'islamisme et lui procura une victoire sur la foi chrétienne par des démonstrations évidentes. Gloire à Dieu, le maître de l'univers!»

Les renseignements que les écrivains arabes nous ont conservés sur Ibn Sab'ìn correspondent bien à ceux des auteurs occidentaux sur les rapports de l'empereur avec l'Orient, et comme le dernier volume de l'ouvrage important de M. Amari sur l'histoire de la Sicile nous fournit tout ce qui est nécessaire à cet égard, nous n'avons besoin que d'en rappeler les traits les plus saillants avec les renvois audit ouvrage. Après avoir conclu un traité de paix, le 24 février 1229, avec le sultan d'Égypte Mélik al-Kâmil, l'empereur Frédéric, revenu de l'Orient, continua ses relations avec les successeurs de celui-ci, Mélik el-Adil et Sâlih Negm ed-Dîn Eyyoub (1238-1249 de J. C.), comme aussi avec les princes Hafsides de Tunis et les Almohades de Maroc. Des ambassades furent envoyées en Égypte et au Maroc avec des cadeaux d'une grande valeur, sous la conduite de Ruggiero degli Amici et d'Uberto Fallamonaco [1], et c'est probablement ce dernier qui, vers la fin du règne du sultan Almohade Abd el-Wâhid ar-Rashîd (1232-1242 de J.C.), porta les questions siciliennes aux philosophes

---

[1] Voy. Amari, *Storia dei musulmani di Sicilia*, t. III, p. 651-654. 622, 701. Comp. *Annal. Moslemici*, t. IV, p. 348, et Reinaud, *Extr. des chron. ar.*, p. 441 et suiv.; Muratori, *Script. rer. ital.*, t. V, p. 604, sous l'an 1241.

maghrébins, dont Ibn Sab'în fut trouvé le plus digne représentant. Les détails historiques sont en pleine harmonie avec la supposition d'une correspondance réelle qui, d'ailleurs, est confirmée par les goûts littéraires et les mœurs de Frédéric II. Outre ses relations intimes avec les princes du Caire, de Tunis et de Maroc, nous n'avons besoin que de mentionner la protection qu'il accordait à la langue arabe par l'institution d'écoles [1], et l'attachement qu'il témoignait aux savants chrétiens et juifs qui lui prêtaient assistance dans ses études de philosophie arabe. Tels sont Michel Scot, à qui l'on doit une partie des traductions latines d'Averrhoës [2]; Jacob ben Abba Mari ben Siméon Antoli (né en 1194, mort en 1256 de J. C.), traducteur en hébreu de l'Almageste, de plusieurs commentaires d'Averrhoës et de l'abrégé d'*Avicenna de historia animalium* [3]; Iuda Cohen ben Salomon, auteur d'un ouvrage qui, au moins quant à la forme, semble avoir beaucoup de ressemblance avec la dissertation actuelle et qui contient les réponses aux diverses questions de géométrie posées par l'empereur [4]. Ce fut probablement un certain Théodore

[1] Voy. Huillard-Bréholles, *Hist. diplom. Frederici secundi*, introduction, p. 382, 540.

[2] Voy. Renan, *Averroès et l'Averroïsme*, p. 163, 165; il a été mis en enfer par Dante; voy. *Infr.*, cant. XX, v. 115. *Michele Scotto fu che veramente Delle magiche frode resc il giuoco.*

[3] Voy. Renan, *l. c.*, p. 148, et S. Munk, *Mélanges de philos. juive et arabe*, Paris, 1859, p. 335, 488. Sur l'indulgence de l'empereur envers les juifs, voy. Bréholles, *l. c.*, t. V, p. 221.

[4] Voy. Amari, *Storie*, t. III, p. 708, et Bréholles, introduction, p. 526, 527.

d'Antioche, secrétaire et en même temps astrologue impérial, qui, rédacteur moins soigneux de la correspondance impériale, provoqua le ton arrogant de notre philosophe concernant la forme des questions, présentées quelquefois sans souci d'une rigoureuse logique[1]. Après cette esquisse rapide des goûts de l'empereur pour la philosophie et la littérature arabes, nous allons mettre en parallèle les détails biographiques sur Ibn Sab'în que les sources arabes nous ont transmis.

Dans la littérature arabe, nous avons pour la vie de notre auteur deux sources principales dont l'une se trouve dans le supplément des biographies d'Ibn Khalliqân, qui porte le titre *Fowât oul-Wofiât*[2], par Al-Kotbi; l'autre, dans les analectes de *Makkari*[3];

---

[1] Voy. Amari, *l. c.*, p. 693 et suiv., et Bréholles, *l. c.*, t. V, p. 727, 745, 750.

[2] كتاب فوات الوفيات للصلاح الكتبّى, le Caire, 1283 de l'hégire, t. I, p. 315 et suiv.

[3] *Analectes de Maqqari*, éd. de Krehl, t. I, p. 590, n° 119. L'ouvrage *Manhel es-Safi*, qui se trouve à la Bibliothèque nationale de Paris (ancien fonds, 750), ne contenant (voy. fol. 33 v° et suiv.) rien autre chose que ce que nous lisons chez Al-Kotbi et Al-Makkari, il serait superflu d'en reproduire le texte encore une fois. Seulement l'auteur y ajoute sa propre opinion sur Ibn-Sab'în en ces termes : « Il était sans doute impie, adhérent de la philosophie, et, si ce que rapporte Ad-Dhahabi, concernant son suicide, est vrai, il est maintenant dans l'enfer parce que, supposé même qu'il ait professé la religion mahométane, et que tout ce qu'on rapporte de ses opinions ne soit que mensonge, il s'est en tout cas montré rebelle envers Dieu par son suicide; en un mot, il était l'homme le plus pervers et le plus méchant par sa vie et ses convictions, et il subira la juste punition de Dieu. » L'article, dont nous devons la copie à l'obligeance amicale de M. Zotenberg, se termine par cette malédiction, ajoutée,

nous en donnerons ci-dessous le contenu principal,
en commençant par la première. Abd el-Haqq ben
Ibrahim ben Mohammed ben Nasr ben Mohammed
Ibn Sab'în, surnommé *Qothb ed-Din Abou Mohammed
de Murcie*, naquit l'an 613 de l'hégire (1216-1217
de J. C.), et professa le soufisme selon l'école philosophique. Il acquit une grande renommée par son
érudition en chimie et en magie, et ses œuvres
étaient très répandues; il forma des disciples qui
portent le nom de *Sabiniens*. Pour donner un échantillon des opinions religieuses d'Ibn Sab'în, Ad-Dhahabi nous raconte que le sheikh et cadhi Taqi ed-Dîn
ben Daqiq el-'Id al-Koshairi de Manalout (né en
625, mort en 702 de l'hégire)[1] se trouvant un jour
dans la société d'Ibn Sab'în, depuis le matin jusqu'à
midi, celui-ci proféra des paroles inintelligibles; le
bruit courut plus tard qu'il avait dit: « Le fils d'Amina
s'est montré très difficile en déclarant qu'il n'y aurait

comme il semble, plus tard: «Que Dieu le comble d'ignominie et
lui fasse expier ses œuvres infâmes.» Le texte arabe est ainsi conçu:

قلتُ هو زنديق فيلسوف بلا مدافعة وإن كان ما ذكره الذهبى من قتله
لنفسه حقًّا فهو أيضا فى جهنّم لأنّا نفرض أنّه كان صحيح الإسلام وكلّ ما
نُسِب اليه كذبٌ فقد قتل نفسه فهو عاص بلا شكّ وبالجملة فإنه كان
أَخْبث الناس وأَسوأهم حالاً وٱعتقادًا عليه ما استحقّه من الله ﷿ جزاه
ﷲ وقابله بأفعاله القبيحة ﷿. Dans le *Journ. asiat.*, août 1836. Quatremère a cité le commencement de cet article: عبد الحقّ بن إبرهيم
المرسى المرفوطّى الصوفّى كان صوفيّا على قاعدة الفلاسفة ويميل الى
الزندقة ﷿ . . . «Il était Sofi, professait les dogmes des philosophes
et montrait du penchant vers le manichéisme.»

[1] Voy. *Fowât al-Wofiât*, t. II, p. 305.

pas de prophète après lui. » Si, ajoute Dhahabi, Ibn Sab'în a réellement proféré ces paroles, il a abandonné l'islam, bien qu'elles soient moins graves que sa définition de Dieu : « Il est la réalité des choses existantes[1]. » Aussi ses disciples, d'après un autre témoignage, négligèrent-ils la prière et les autres lois fondamentales de l'islamisme. A cause de ses opinions libres en matière de religion, il fut contraint, à l'âge de trente ans, d'abandonner sa patrie et les régions occidentales de l'islamisme, et se fixa à la Mecque, où il se suicida en s'ouvrant les veines le 28 shawwal de l'an 668 de l'hégire (1271 de J. C.), âgé de cinquante-cinq ans. D'après Maqrîzi, il y est mort l'an 669, sous le règne de Mélik ez-Zahir Beibars, tandis que Sharàni le fait mourir l'an 667 de l'hégire[2]. Sur son dernier séjour à la Mecque, le sheikh Safi ed-Dîn al-Hindi nous a laissé cette notice qui se trouve dans le même article : « Pendant un pèlerinage, je discutais avec Ibn Sab'în sur une question philosophique; comme je lui exprimais mon étonnement qu'il eût choisi la Mecque pour demeure, il déclara qu'il était obligé d'y séjourner pour éviter les persécutions de Mélik ez-Zàhir Beibars, et à cause de l'amitié que lui témoignait le gouverneur de l'Yémen, qu'il avait guéri d'une maladie, bien que le vizir de celui-ci,

---

[1] Selon la doctrine néo-platonicienne de Plotin, le monde est un accident de Dieu qui y est présent d'une manière dynamique.

[2] Voy. l'*Histoire des sultans mamlouks*, par Quatremère, t. I, 2ᵉ partie, p. 92, et Sharàni, *At-Thabaqât al-Kubrá*, éd. de Boulaq, 1276 de l'hégire, t. I, p. 238.

incrédule et partisan des sectes matérialistes, le haït. Pendant son séjour à la Mecque, il dépensa une grande partie de sa fortune en aumônes. En quittant l'Afrique, il fut accompagné par une foule de ses disciples et de ses adhérents. Sur les événements du voyage, on a conservé une petite anecdote qui prouverait en tout cas sa célébrité. Après avoir voyagé une dizaine de jours, il fut, en arrivant à une station, accablé d'injures par le serviteur d'un bain qui, sans connaître Ibn Sab'în, en apprenant que la troupe des émigrés appartenait à Murcie, s'était rappelé le nom du célèbre hérétique, originaire de la même ville. Le philosophe, le regardant tranquillement, le laissa parler jusqu'à ce qu'un de ses disciples lui coupât la parole et le réduisît au silence. » Parmi ses ouvrages sont nommés dans cet article le livre portant le nom *el-Ihâthat* (الإحاطة), une dissertation sur la substance et un grand nombre de traités composés dans un style éloquent.

Comparons cette biographie avec les renseignements un peu plus étendus que nous fournit celle qui est conservée dans l'ouvrage de Makkari :

« Parmi les hommes illustres de l'Espagne, nous avons à nommer Abd el-Haqq Abou Mohammed ben Ibrahim ben Mohammed ben Nasr, connu sous le nom d'*Ibn Sab'in Qothb ed-Dîn de Murcie*. Il avait fait ses études en Espagne, d'où il se rendit à Ceuta pour y professer le soufisme et former école; il acquit une grande renommée par son érudition, sa vie

sobre et contemplative. Les jugements sur ses opinions religieuses sont bien différents; les uns l'ac-
cusent d'hérésie, tandis que les autres louent sa piété
et le regardent comme le guide de leurs convictions
religieuses. D'après le commentaire du poème *Al-
Maqsourah*, de Hâzim, poète espagnol de Carthagène
du XIII° siècle de J. C.[1], il se serait nommé lui-même

[1] La Bibliothèque royale de Copenhague possède cet ouvrage qui
doit son nom, *Maqsourah*, à une imitation de l'ancien poème d'Ibn-
Doreid. Voy. *Cat. codd. arab. bibl. Haun.*, n° CCLXXXVI, p. 159. Ce
vers, avec les circonstances qui l'ont provoqué, s'y trouve fol. 105 v°;
de même chez Meidani, *Prov.*, t. II, p. 623, et Hamasa, p. 191-
193, comp. trad. de Rückert, t. II, p. 168; voir aussi le Sihâh de
Djewhari sous le mot داره. Le nombre 70 exprimé dans l'ancienne
écriture arabe par la lettre ع ou o a sans doute fait naître l'opinion
du commentateur que 70 signifie «dans un certain système de computation» le *zéro*. Le commentateur Mohammed ben Ahmed cite ce
vers parmi les exemples de la figure de rhétorique *at-tadhmin* (Voy.
Rhet. der Arab., von A. F. Mehren, p. 138) en ces termes : وللفقيه
الخطيب القاضى أبى البركات ابن الحاج اعزّه الله وكتّبَه جزءًا فيه كلام لعبد
الحق بن سبعين وأنشدنى

ألا بـدعـوا ما قال عـنـكـم فـإنّـه   بحا السيفُ ما قال آبْنُ دارةَ أجـعا
وشرح ما أَراد أنّ أصحاب ابن سبعين يعبرون عـنـه بـآبْنِ دارة لأنّ شكل
سبعين فى رسوم للحساب بالرومـيّة دارة هكـذا o وكان ابن سبـعين اذا
كتب اسمه يكتب عبد لحق ويرسم دارة فغاص الفـقـيه أبـو البـركات هـذا
الغوص وأتى بتضمين لا نظير له وإنّما ضمّنى عجـز البـيـت الثانى عن قول
الشاعر

خُذوا العقل إن أعطاكم العقل قومها
وكـونـوا كَمَنْ سيم الـهـوانَ فـأرّتـعـا
ولا تُكـثـروا فـيـه السّجـاج فـإنّـه
بحا السيفُ ما قال ابـنُ دارةً أجـعـا

هو مّا جرى عندهم مثلا ☼

Ibn Dâret, dans le sens de « fils de la demeure vide ».
C'est ce qui a donné au commentateur Mohammed
ben Ahmed, shérif de Grenade, occasion de lui ap-
pliquer l'ancien vers ما قال آبنُ دارِةَ أَجَمَعا السيفُ لحا « le
glaive a effacé tout ce qu'a dit Ibn Dâret », probablement en faisant allusion aux paroles hérétiques qu'on
lui attribue. Ce nom *Ibn Dâret* serait un équivalent
d'Ibn Sab'în, le nombre 70 signifiant, d'après la remarque du commentateur, dans un certain système
de computation maghrébin, le zéro ou le vide. Il mourut à la Mecque l'an 669 de l'hégire (1272 de J. C.),
âgé d'environ cinquante-cinq ans. Un de ses disciples,
Yahya ben Ahmed ben Soleymân, a célébré sa vie
dans un mémoire intitulé l'*Héritage de Mahomet*
(الوراثة الكحمدية), où, en récitant ses louanges, il ajoute
cette notice : « Il appartenait à une des plus illustres
familles d'Espagne, celle des Benou Sab'în, descen-
dants d'Ali, de Coreish et de Gâfik. L'Espagne n'a
pas produit d'homme plus éminent que lui ni plus
digne de l'héritage du prophète. A l'âge de quinze ans,
il composa l'ouvrage *Le noviciat du Soufi* (بدء العارف),
qui, joint à ses autres compositions, prouve qu'il
était rempli du saint esprit et soutenu de la force divine. » Le soufi Shihâb ed-Dîn ben Abou Hagalah de
Telimsân, auteur du livre *Sukkurdân*[1], raconte, d'après
le témoignage d'un de ses amis intimes de la Mecque,

---

[1] La Bibliothèque royale possède cet ouvrage, composé l'an 737 de
l'hégire; sous la forme bizarre d'un éloge du nombre 7, il contient
une partie de l'histoire d'Égypte, mêlée à toutes sortes d'anecdotes.
Voy. *Cat. codd. arab. bibl. Havn.*, n° CXLIV, p. 95.

que la cause qui l'empêcha de visiter le tombeau du
prophète à Médine, c'est qu'à l'approche du sanc-
tuaire il fut saisi d'une agitation nerveuse qui provoqua des vomissements de sang; tandis que, d'après
d'autres, comme nous le verrons ci-après, la haine du
gouverneur de Médine le fit renoncer à ce saint devoir
qu'il accomplit pourtant en secret. D'après l'his-
torien célèbre Ibn Khaldoun, le sultan hafside de
Tunis, Mohammed al-Mostansir Billah, fils du sultan
Abou Zacaryah ben Abd el-Wâlid, reçut en montant
sur le trône l'hommage des habitants de la Mecque,
accompagné d'un diplôme rédigé par Ibn Sab'în et
conservé dans l'histoire des Berbères[1]. Qu'il nous
soit permis de citer, selon la traduction de M. de
Slane, ce qui a rapport à la vie de notre auteur: «Il
se trouvait alors, continue Ibn Khaldoun, domicilié
à la Mecque, un soufi qui s'appelait Abou Mohammed
Abd el-Haqq Ibn Sab'în. Cet individu ayant quitté
Murcie, sa ville natale, s'était rendu d'abord à Tunis,
et comme il était profondément versé dans la connaissance de la loi et des sciences intellectuelles, il
avait affiché la prétention de s'être dompté au point
de pouvoir marcher droit dans la voie du soufisme. Il
professait même une partie des doctrines extravagantes que l'on apprend dans cette école, et il ensei-
gnait ouvertement que rien n'existe excepté Dieu.
Il prétendait aussi avoir acquis la faculté de régir
selon sa volonté toutes les diverses espèces d'êtres.

[1] Voy. l'*Histoire des Berbères*, par Ibn Khaldoun, publiée par
de Slane, t. I, p. 416, et trad., t. II, p. 344-345.

Par suite de ses opinions, il se vit attaqué dans ses croyances religieuses et fut accusé de professer une doctrine impie et contraire aux bonnes mœurs ; il finit même par encourir la réprobation d'Abou-Bekr Ibn Khalif al-Sakouni, ancien chef des théologiens de Séville et alors chef de ceux de Tunis. Ce personnage ayant déclaré qu'on devait poursuivre Ibn Sab'în comme criminel, les mouftis et les traditionnistes s'acharnèrent contre le novateur, dont ils repoussèrent les prétentions extravagantes. Craignant que ses adversaires ne trouvassent assez de preuves pour le faire condamner, Ibn Sab'în passa en Orient et se fixa à la Mecque. Réfugié dans l'asile inviolable du temple, il se lia d'amitié avec le shérif, seigneur de la ville, et l'encouragea dans la résolution qu'il avait formée de reconnaître la souveraineté d'Al-Mostansir, sultan de l'Ifriquia. Voulant capter la bienveillance de ce monarque et trouver le moyen de se venger à son tour, il composa et traça de sa propre main la lettre par laquelle les shérifs de la Mecque acceptaient ce prince pour souverain. » Ce document ne contenant que des tirades du Coran et de la Sonna inspirées par la plus vile adulation, au point de nommer le nouvel héritier du trône *Mahdi* ou « l'envoyé de Dieu », que présagent comme sauveur du monde les traditions shiites, est dénué de tout intérêt et confirme très bien le jugement un peu sobre qu'Ibn Khaldoun, en opposition avec la plupart de ses compatriotes, a porté sur notre philosophe. Terminons donc ces extraits en ajoutant quelques notices éparses du cé-

lèbre littérateur Lisân ed-Dîn, que nous trouvons
dans le même ouvrage de Makkari concernant Ibn
Sab'în. Après avoir mentionné les diverses opinions
que les théologiens de l'Orient avaient répandues
sur ses croyances religieuses et qui le forcèrent à chercher un dernier asile à la Mecque, ainsi que son ini-
mitié avec le gouverneur de Médine qui l'empêcha
de visiter la sainte ville et le tombeau du prophète,
Lisân ed-Dîn mentionne expressément l'arrivée des
questions siciliennes à Ceuta, envoyées par les savants
chrétiens pour confondre les musulmans, et aux-
quelles Ibn Sab'în, malgré sa jeunesse, se chargea
de répondre. Il naquit, selon les citations éparpillées
d'autres biographes, à Murcie, l'an 614 de l'hégire
(1218 de J. C.). et reçut son éducation en Espagne sous
le maître Abou Ishâq ben Dahhâq. Tout jeune, il visita
le Caire, Cabès, Bougie et Ceuta, et il commença
à former une école philosophique parmi les pauvres
et le bas peuple, dont une partie l'accompagna plus
tard à son dernier refuge à la Mecque, où le shérif
même fut un de ses adhérents. Parmi ses ouvrages
sont nommés le livre الدَّرَج (les degrés), الفتح المشترك,
le livre d'Édris[1] et الإحاطة, outre plusieurs traités

---

[1] H. Khalfa mentionne ce livre avec le commentaire de Qothb ed-
Dîn Abd el-Haqq ben Sab'în de Séville (mort en 669 de l'hégire), voy.
t. III, p. 599; il nomme notre auteur encore t. III, p. 56, sous l'article
الحروف الوضعيّة الخ; p. 59, il lui attribue les deux dissertations de la
théologie mystique : حزب الفتح والنور وتجلّى الرحانيّة بالرجة فى عالم
حزب الفرح والاستخلاص بسرّ تحقيق كلمة الإخلاص, et t. V, الظهور
p. 329, l'ouvrage لمحة الحروف.

dont les noms nous semblent trop peu fixés pour être mentionnés, ainsi que plusieurs dissertations religieuses. Parmi les disciples d'Ibn Sab'în est cité comme le plus célèbre Abou-'l-Hasan Ali al-Shousteri, de la petite ville de Yodar[1], dans les environs de Guadix, mort l'an 668 de l'hégire (1271 de J. C.). Bien qu'Ibn Sab'în fût plus jeune, Al-Shousteri suivit pourtant ses leçons et se nomma dans ses compositions poétiques *Abd Ibn Sab'în* « serviteur d'Ibn Sab'în ». En cherchant un maître de philosophie, il aurait rencontré celui-ci, qui aurait répondu à sa demande : « Si tu veux le paradis, va chercher Ibn Mad'în; mais si tu veux le seigneur du paradis, suis-moi! » réponse qui nous paraît bien conforme au caractère hautain et pédantesque que nous trouvons dans ses introductions aux réponses des questions siciliennes.

§ II.

APERÇU DU CONTENU DE LA MISSIVE D'IBN SAB'ÎN ET EXPOSITION DE SES VUES SPÉCIALES SUR LES QUATRE QUESTIONS PHILOSOPHIQUES DE L'EMPEREUR FRÉDÉRIC II.

1. Sur l'éternité du monde.

Nous avons grand'peine à comprendre le système cosmographique des Arabes, par lequel ils ont constitué un ciel divisé en plusieurs orbes animés par des êtres intelligents, dépendant du principe central de la suprême intelligence, créée par Dieu.

---

[1] Voy. Makkari, *l. c.*, t. I, p. 583, nᵒ 114, et l'introduction, p. LI.

Ce n'est pourtant qu'un développement d'Aristote
sur la métaphysique (l. XII, c. VII, VIII). « La nature
des astres, dit Aristote, est une essence éternelle; ce
qui meut est éternel et antérieur à ce qui est mu,
et ce qui est antérieur à une essence est nécessairement une essence. Il est donc évident qu'autant il y
a de planètes, autant il doit y avoir d'essences éternelles de leur nature, immobiles en soi et sans étendue; c'est la conséquence qui ressort de ce que nous
avons dit plus haut. Ainsi les planètes sont certaine-
ment des essences, et l'une est la première, l'autre la
seconde, dans le même ordre que celui qui règne
entre le mouvement des astres[1]. » Bien qu'on ait tâ-
ché, de diverses manières, de soutenir le dogme principal d'Aristote, l'unité du moteur immobile et éternel, il serait pourtant bien difficile de concilier la
théorie d'Aristote contenue dans ce chapitre avec
celle de ses autres écrits. Selon ce passage, les astres
sont éternels et impérissables de leur nature; ils
semblent occuper le rang de dieux secondaires. Selon
le système général, le Dieu d'Aristote, être transcen-
dant et personnel, expression de la pure énergie et
de la forme absolue, dont l'activité est la réflexion
de sa propre personne, est séparé du monde qu'il
gouverne par des lois d'attraction spirituelle, mais
il ne s'y immisce qu'en tant qu'il met en mouvement
la plus haute des sphères célestes. Ce Dieu ne satisfit
pas pleinement les Arabes qui, en adoptant des êtres

---

[1] Voy. *La Métaph. d'Aristote*, trad. par Pierron et Zévort, t. II,
p. 226, 227, 363, et Renan, *Averroès*, p. 91 et suiv.

intermédiaires entre Dieu et l'homme, les mettaient
en même temps sous la dépendance absolue de leur
Dieu. S'appuyant sur Aristote et la doctrine néo-platonicienne avec les hypostases, ils ont inventé les
sphères des sept planètes, celle des étoiles fixes et
celle du mouvement diurne ou la sphère environ-
nante de l'éther, outre celle de l'intelligence suprême,
aussi appelée *la parole* et *la volonté*, créée immédiatement par Dieu et qui donne à toutes les autres le
mouvement circulaire et éternel, opposé au mouvement naturel des éléments vers le haut et le bas. Tout
l'espace des cieux est rempli de l'éther, dont le nom,
dérivé, selon Aristote, de ἀεὶ θεῖν, signifie « mouvement éternel »; tandis que les corps terrestres sont
composés des quatre éléments, les sphères avec les
étoiles sont formées de l'éther qui devient le principe
divin du monde corporel. Ce monde, dont l'élément
principal est la terre, qui par sa nature ne possède
d'autre mouvement que celui de haut en bas, reste
immobile au centre, tandis que le feu, léger de sa
nature, a la tendance opposée et se dirige en haut;
entre ces deux éléments, l'eau et l'air prennent
leurs places relatives. Ce mouvement éternel, qui
a pour but d'atteindre l'intelligence suprême, n'est
pas le même pour toutes les sphères, mais diffère
pour chacune selon la distance qui la sépare de
l'intelligence suprême. Les diverses espèces d'intelligence émanent de celle-ci, et la dernière, qui
préside au mouvement de la lune, la plus rappro-
chée de nous, est *l'intellect actif*, par l'influence

duquel l'intellect *passif* ou *hylique* qui est en nous se développe et devient *intellect en acte.* Lorsque ce dernier est arrivé à être toujours en acte et à s'identifier entièrement avec les formes intelligibles, on l'appelle intellect *acquis.* Du reste, la manière de peupler ces neuf sphères des intelligibles ou des universaux varie beaucoup et n'est pas fixe; on porte le nombre des intelligibles tantôt à trois, savoir l'*intellect universel,* l'*âme universelle* et *la nature (natura naturans);* tantôt à cinq, l'âme étant divisée en âme végétative, animale et rationnelle; tantôt à sept en y ajoutant la matière universelle et la forme universelle [1]. De cette manière, les philosophes ont évité le cercle vicieux de la série infinie des causes, et trouvé une loi d'attraction toute spirituelle, dans un temps où la loi de la gravitation n'avait pas encore changé toutes les opinions que l'antiquité nous avait transmises en héritage.

Conformément à la tradition du prophète « la première chose créée par Dieu est l'intelligence, » conception purement scientifique et dont nous trouvons les premières traces dans l'introduction brillante des Proverbes de Salomon ; les théologiens philosophes des Arabes l'ont donnée à Dieu pour ministre, et elle porte ses lumières jusqu'à la der-

---

[1] La preuve qu'il y a des substances intermédiaires entre l'agent premier ou Dieu et la substance du monde qui porte les neuf catégories. Voy. Munk, *l. c.,* p. 37, 49, 63, 199, 360, et *Guide des égarés,* par Munk, t. I, p. 366 et suiv. Le manuscrit ccLVII de la Bibliothèque Bodléienne nous donne un aperçu du système soufi. Voy. *Cat. codd. arab.,* p. 222, éd. Nicoll.

nière limite de la création. Tout être créé porte en soi une certaine tendance à s'élever à un degré supérieur à celui qui constitue sa forme matérielle; mais il n'y a que l'homme doué d'une âme réceptive qui possède la faculté, sous l'inspiration de Dieu, de déchirer les voiles du monde sensuel, et de s'élever, soit par la science, soit par l'ascétisme, à la pure contemplation de Dieu. Aussi l'âme humaine devient-elle le microcosme et porte-t-elle en elle le reflet de tout cet ordre de l'univers. Préparés à l'argumentation un peu bizarre de l'auteur, nous allons faire connaître sa réponse à la première question de l'empereur sur l'éternité du monde.

Après avoir reproché à l'empereur la forme trop peu logique de sa question, il l'avertit en termes généraux d'être sur ses gardes contre les mots à double sens et douteux, qu'il ne faut jamais employer sans en préciser la signification, contre les questions trop générales qui laissent l'objet principal de la question douteux, comme aussi contre les réponses dont la teneur, à cause de leur généralité, ne donne rien de positif. Ensuite l'auteur commence à exposer les diverses explications de la notion du *monde* qui a été comprise en des sens très divers[1] :

Les théologiens philosophes ou les Asharites

---

[1] Voy. manuscrit bodléien, fol. 299 r°, ligne 16. La question de l'empereur est formulée ainsi : الحكيم يفصح فى جميع أقاويله بتقدم العالم ولا شك أنه رأيه إلّا أنّه إن كان قد برهن عليه فا برهانه وان لم يبرهن فى أىّ قبيل هو كلامه فيه

prennent le mot *monde* exclusivement dans le sens
de monde corporel avec ses attributs, ou de la matière avec ses accidents, en excluant le monde spirituel et les formes abstraites. Le monde, d'après eux,
est un corps limité, doué d'une existence distincte et
renfermant des accidents corporels. Il y en a d'autres
qui, en opposition à leur système, y ont compris
tout à l'exclusion de Dieu et de ses attributs divins.
Parmi les anciens philosophes, il y en a qui entendent
par le mot *monde* tout ce que renferme l'univers;
d'autres l'identifient avec la matière et ses accidents
en la divisant en matière *non homogène* et *homogène*.
La première renferme quatre parties : la *raison*, l'*âme*,
la *première matière* et la *forme abstraite;* la dernière,
deux : le *monde des sphères* et le *monde naturel;* le
monde des sphères en comprend neuf, le second
comprend le *simple* et le *composé*. Le simple renferme
les quatre éléments : le *feu*, l'*air*, l'*eau* et la *terre;* le
composé, trois espèces : l'*animal*, la *plante* et le *minéral*,
dont chacun a diverses subdivisions. De même les
accidents sont *spirituels*, comme la science, la clémence, la générosité, et *corporels,* comme les couleurs,
l'odeur et le goût, etc. D'autres ont banni toute substance spirituelle comme étrangère par sa nature à celle
du monde. Enfin la notion du monde ne signifie souvent qu'un complexe homogène, par exemple, si nous
disons le monde de l'âme, le monde de la raison, le
monde du mystère, etc. Après cette définition, l'auteur passe à celle de l'éternité (القدم)[1]. Il y a deux

---

[1] Voy. manuscrit bodléien, fol. 300 v°. l. 5.

sortes d'éternité : *celle avec fin* et *celle sans fin;* la
première se dit par analogie d'une chose dont
la durée dépasse toute autre durée, ce n'est que
relativement qu'elle s'appelle *éternelle;* la dernière
se dit de l'éternité absolue et se divise en éternité
temporelle et *essentielle.* L'une se dit de ce qui a
existé pendant tous les temps, qui ne fait jamais
défaut et qui est sans fin; l'autre s'applique à ce
qui, selon sa nature essentielle, n'a pas de cause
d'existence. Aussi l'éternité temporelle a-t-elle un
commencement temporel, tandis que ce qui est éternel par essence n'en a pas. Il est l'unique et le vrai
Dieu qui n'a pas de cause d'existence, ni réelle ni
virtuelle, étant lui-même sa dernière cause. C'est,
fait remarquer Ibn Sab'în, le double sens de ces mots
qui a donné lieu à toutes les discussions philosophiques sur cette matière. Nous trouvons maintenant
les définitions des divers mots employés en arabe
dans le sens de créer: إحداث, خلق et إبداع. Le
premier mot إحداث signifie la création *temporelle*
d'une chose qui n'a pas été auparavant, comme aussi
la création *hors du temps*, identique avec la provoca-
tion de l'existence d'une chose qui, par son essence,
n'a pas possédé cette existence[1]; on emploie de même
ce mot pour désigner diverses créations de fantaisie.
Les deux autres mots الخلق et الإبداع sont synonymes
et ont de même plusieurs significations; le premier

---

[1] L'auteur pense ici à la création des intelligibles ; comp. le *Livre
des définitions* par Djordjâni, éd. Flügel, sous ces articles.

(الخلق) signifie « donner la modalité de l'existence »,
ou « provoquer l'existence », la matière et la forme
étant données, comme il est dit dans le Coran : « Il a
créé l'homme de l'argile comme le potier » (s. LV, v.
13)[1]. C'est ainsi qu'on a expliqué cette création par l'expression « inventer la forme » (إبداع الهيئة), bien que,
selon Aristote, la matière et la forme précèdent réellement cet acte de la création. Le terme الإبداع,
« tirer l'existence d'une chose de rien », diffère du
mot خلق, en tant que celui-ci suppose l'existence de la
matière, et de إحداث, qui suppose le temps; ainsi
l'on dit de Dieu بديع السموات « créateur des cieux et
de la terre » (s. II, v. 3), parce qu'il les a créés sans
aucune matière; mais au contraire خلق الإنسان « il a
créé l'homme » (s. LV, v. 2, 13), l'ayant créé d'argile. Après s'être excusé de son style trop concis par
le manque de temps, la médisance du *malin,* et la
crainte que lui inspire son adversaire *le fou,* notre
auteur termine ce discours préliminaire et commence la réponse à la question de l'empereur[2].

« Beaucoup de commentateurs d'Aristote ont mal
compris cet auteur, soit par négligence dans l'interprétation des mots équivoques, soit par défaut d'études suffisantes, soit par une direction perverse de
leur mauvaise volonté, par exemple Alexandre

---

[1] Voy. le commentaire de Beydhawi, éd. Fleischer, sur, II, v. 3.

[2] Le texte du dernier passage se trouve fol. 301 v°, l. 6 : فآفهم
وأقبل العذر لضيق الوقت وتشنيع الشرير وخوف المعتوه ۞

d'Aphrodisie[1] et Thémistius[2]; parmi les modernes
Ibn Sina (*Avicenna*)[3] et Ibn Sayigh (Ibn Badja
ou Avempace)[4], qui prétendent qu'il est impossible
de fixer le sens des métaphysiques d'Aristote. Nous
leur répondons: Ceux qui, comme Galien[5] et d'autres,
font de la controverse sans études suffisantes,
perdent évidemment leur cause, sans qu'on ait besoin de les réfuter. Quant à ceux qui expliquent
d'Aristote ce qui leur convient et ce qui est conforme
à leur conviction, laissant à part toute autre matière
qui ne leur convient pas, ou ceux qui, par leurs opinions préconçues et leur système arrêté, se jettent
dans la controverse, il ne faut pas leur prêter attention; la vérité elle-même jugera entre les deux parties

[1] Alexandre d'Aphrodisie, chargé du cours de philosophie sous
l'empereur Septime Sévère vers l'an 200 de J. C., et célèbre par le
nom d'Exégète et d'Aristote II, regardait l'âme comme la forme du
corps, inséparable de celui-ci, et niait son immortalité. Conf. Renan,
Averroès, p. 99, et ci-après dans le dernier chapitre.

[2] Thémistius, néo-platonicien de la dernière moitié du IVe siècle,
est auteur d'un commentaire sur l'âme. Conf. Zeller, *Phil. der Griechen*, t. III, II, p. 668-672.

[3] Sur Avicenne, né l'an 370 de l'hégire (980 de J. C.), mort l'an
428 de l'hégire (1037 de J. C.), contre lequel Gazâli a dirigé sa
Destruction des philosophes, voy. l'art. de Munk, *l. c.*, p. 352-366.

[4] Sur Ibn Badja, né vers la fin du VIe siècle, mort l'an 533 de
l'hégire (1138 de J. C.), qui professait la doctrine sur l'unité des
âmes, voy. *ibid.*, p. 383-410.

[5] Galien, né l'an 131 de J. C., mort vers l'an 200, et célèbre
comme médecin, appartient aux éclectiques de l'école péripaté-
cienne. Dans sa doctrine sur l'âme, il s'écarte de la doctrine d'Aristote,
n'osant professer ni son anéantissement avec le corps, ni son immortalité. Sur ses ouvrages traduits en arabe, voy. Wenrich, *De arc-
torum græcorum versionibus et commentariis*, p. 241-243.

et rendra possible à chacune de corriger ses opinions et
de fixer ce qui est juste. Il faut se tenir convaincu
que personne n'a trouvé la vérité absolue, ni ne s'en
est écarté totalement, aussi longtemps que d'un côté
elle n'est pas confirmée par la preuve évidente, et de
l'autre, qu'elle n'est pas réfutée par une démonstration solide. C'est la vérité elle-même dont il s'agit,
peu importe si Aristote l'a trouvée le premier ou
non, car, dans ce cas, on n'aura pas besoin de son
opinion ni de sa spéculation. Celui qui avec bonne
foi cherche la vérité elle-même, expliquera Aristote
dans un sens strictement conforme à la réalité de
chaque question et à la connaissance qu'il a du grand
philosophe, et laissera de côté ses erreurs sans leur donner la préférence. » Après cette introduction que nous
avons rendue à peu près verbalement, l'auteur nous
expose la méthode d'Aristote selon ses divers écrits.
L'ouvrage fondamental est *la Logique,* après lequel
il nous a laissé *la Physique,* d'où il revient aux catégories qu'il a traitées dans le premier ouvrage, et
établit la différence entre les rapports purement logiques et physiques. Ces derniers, il les divise en
rapports qu'on trouve dispersés en divers objets, et
en rapports qui sont réunis dans un seul, et qu'on
perçoit par la même sensation ; par exemple, en touchant un corps, nous le trouvons tantôt dur et chaud,
tantôt mou et froid. Aristote arrive ainsi à la notion
de la *substance* et à celle des *accidents.* En continuant
sa spéculation, il aboutit à la notion de la chose qui
n'est pas perceptible à la sensation, et qui est la

substance absolue ; ce n'est que relativement et en comparaison avec celle-ci que la première porte le nom de substance. Il fixe alors le nombre des accidents physiques et logiques à neuf et expose l'impossibilité de séparer, soit par la sensation, soit par la conception, la substance de ces accidents. Enfin il établit que tout ce qu'il a nommé substance a une étendue en longueur, en largeur et en profondeur, et le nomme tantôt *corps*, tantôt *substance corporelle*. Ainsi toutes les choses qui existent sont des *corps* et des *accidents*, ou des *substances corporelles* avec *leurs accidents*. Tel est le contenu du livre de la physique, que le philosophe grec a soumise à la spéculation par la méthode dialectique, en indiquant les limites de cette méthode. Partout où il lui a été possible de fixer la vérité par une démonstration solide (برهان), il l'a fait, mais dans le cas contraire, si ces conditions manquaient, il a laissé tout intact à ses successeurs. C'est ainsi qu'après avoir mis en parallèle les objets dialectiques et les objets certains, il s'est arrêté à la certitude, et, par la méthode spéculative, il est arrivé aux lois fondamentales de toutes les choses créées, en exposant leur quiddité et leur causalité (ماهی ولم). Toute chose corporelle a deux points de départ, l'un virtuel, appelé *matière*, l'autre réel, appelé *forme*. Après une spéculation ardue, il arrive aux notions de la *matière*, de la *forme*, du *principe agent* et du *but*. En continuant ses recherches sur la nature, le développement de la nature et la notion des choses naturelles, il examine si

l'existence d'une substance corporelle qui s'étend à
l'infini est possible ou non, et il aboutit à cette conclusion que « toute substance corporelle et naturelle
est limitée. » Après avoir exposé la différence entre l'infini et le fini, il examine le mouvement, sa nature
et sa cause; si le lieu est une nécessité inhérente au
corps ou un accident, et si l'on a besoin du vide pour
le mouvement. Il conclut enfin à nier l'existence du
vide, et, par le mouvement perpétuel, il établit
l'existence d'un *corps fini* embrassant tous les corps
matériels et doué d'un mouvement circulaire autour
d'un centre, mouvement qui lui fait supposer de nouveau l'existence d'un premier moteur, être différent
de toute nature corporelle et séparé de tout corps
et de toute matière, qu'il faut examiner par une méthode bien différente; c'est ce qu'il a fait dans le livre
(السماع الطبيعيّى) *Auscultatio physica*. Dans cet ouvrage,
il part de la thèse que le vide n'existe pas, et qu'il
faut absolument supposer un être doué du mouvement circulaire et embrassant toutes les choses
créées. Après avoir examiné si, parmi les corps matériels, il y en a qui précèdent les autres, il répond
par l'affirmative. Puis, dans ses recherches sur le mouvement, il en distingue trois : le *circulaire*, le *centripète*
et le *centrifuge*, et suppose cinq corps dont le dernier,
l'intellect universel, diffère des quatre autres en matière et en forme et renferme la cause de leurs exis-
tences, de même que les trois règnes de la nature dépendent de ces quatre corps [1]. Après avoir traité les

[1] Ces cinq corps sont les substances simples ou les émanations in-

diverses espèces de composition du monde dans le livre *De cœlo et mundo* (السماء والعالم), il continue dans un autre ouvrage ses recherches sur les éléments qui ont produit tout ce qui existe dans le monde. Il les examine au point de vue de leurs forces et de leurs principes, et cherche si, en agissant l'un sur l'autre et en recevant des impressions, ils ont fait naître les objets matériels par la vertu d'un principe extérieur ou par celle d'un principe inné et intérieur. Enfin il arrive à cette conclusion qu'il faut nécessairement supposer l'existence d'agents extérieurs qui dirigent toutes ces forces; d'après son opinion, ce sont *les corps célestes* qui ont la fonction de causes actives. De cette manière, il fixe la notion de la création, sa modalité et sa causalité, et pose la question de savoir si la création se réduit au néant ou non; tel est l'objet du livre *De generatione et corruptione* (الكون والفساد). Dans un ouvrage postérieur, *De meteoris* (الآثار العلويّة), il continue ses recherches sur les éléments, leurs diverses natures et leurs affinités, sur les corps célestes et leurs compositions; après quoi, il expose dans la quatrième section de cet ouvrage la manière dont ces éléments forment, par leurs combinaisons, des minéraux, des plantes et des animaux, jusqu'à ce qu'il arrive à la notion générale de l'âme. Toute cette exposition préliminaire, dont nous avons énuméré le contenu principal,

termédiaires entre la cause première (Dieu) et le monde de la corporalité : *l'intellect universel, l'âme divisée* en *végétative, animale* et *rationnelle* et la *nature*, en rapport avec la corporalité (*natura naturans*). Voy. Munk, *l. c.*, p. 199.

ne servira qu'à faire comprendre les arguments d'Aristote concernant la question de l'éternité du monde; il en reproduit onze qui, selon Ibn Sab'în, s'appuient tous sur les ouvrages que nous venons de citer. Ayant l'intention de publier toute cette partie avec le texte entier, nous nous bornerons à une simple exposition. « Selon Aristote, il est impossible de se représenter l'existence du monde après un état de non-existence, si ce n'est simultanément avec la notion du temps; la notion du temps doit nécessairement le précéder. Or le temps, selon Aristote, appartient nécessairement à la notion du monde et indique la mesure du mouvement. Cela donné, et le temps étant inséparable de la notion du monde, la création dans un temps qui précède est impossible, la notion du monde exigeant et le temps qui précède et le temps qui suit [1]. » Après avoir terminé toute cette argumentation aristotélique sur l'éternité du monde [2], Ibn Sab'în remarque qu'Aristote s'est ravisé dans un âge plus avancé, ce qui apparaît dans ses ouvrages postérieurs : (التفّاحة) *Pomum*, (الخير المحض) *De bono absoluto*, et (علم الوحدة) *De scientia unitatis* [3].

---

[1] Voy. ces arguments dans l'ouvrage *Hist. des philosophes et des théologiens musulmans*, par M. G. Dugat, p 303 et suiv.

[2] Voy. manuscrit bodléien, fol. 306 r°, ligne dernière.

[3] Ces écrits apocryphes ont été mentionnés par Wenrich, *De auct. græc. versionibus*, etc. p. 138-139, et Fabricius, *Bibl. gr.*, t. II, p. 166; comp. ci-après. L'ouvrage intitulé *De bono absoluto* se trouve à la bibliothèque de Leyde. Voy. *Cat. codd. orient. bibl. Lugd. Bat.*, t. III, p. 312; selon M. de Goeje, le néo-platonicien Proclus en serait l'auteur.

En général, remarque Ibn Sab'în, puisque la vérité
ne se trouve pas par la relation d'une opinion étrangère, le savant, sans s'occuper ni d'Aristote, ni du
méchant, doit la chercher elle-même, surtout dans
les questions compliquées. La difficulté est que l'argumentation d'Aristote sur l'éternité du monde doit
en tout cas reposer sur l'exposition de ses opinions
antérieures; mais alors, comment est-il possible de
mettre d'accord sa doctrine sur le mouvement éternel et le moteur primitif avec sa supposition d'une
matière limitée et corporelle? L'auteur termine la
discussion en nous montrant, par les argumentations
des Asharites, d'Avempace et d'Avicenne, comme
aussi d'une partie des anciens péripatéticiens (طائفة
المشّائين المرحومين), l'incohérence du système d'Aristote et la fausseté de sa démonstration sur l'éternité
du monde, tirée de la supposition d'un mouvement
éternel qui dériverait d'un premier principe moteur.
Il démontre qu'Aristote s'est égaré dans ses prémisses
et nous a laissé une argumentation non pas solide,
mais purement dialectique, qu'il a inventée pour per-
sister dans ses opinions préconçues [1]. «Si tu avais
cherché la vérité même, conclut l'auteur, elle te serait
parvenue; mais tu n'as cherché que l'opinion d'Aristote; alors il faut dire : L'homme mordu par le scor-
pion[2], peut-être guérira-t-il. Mais la vérité dépasse

---

[1] Voir une même opinion critique de S. Munk sur le système
d'Ibn Gebirol relatif à la création du monde, *l. c.*, p. 232.

[2] Sur cette locution proverbiale, comp. *Les colliers d'or de Za-*

dans sa sublimité et Aristote et tout autre. » Le résultat
final de la discussion sur la question de l'éternité du
monde est donc celui-ci : nous trouvons le monde
contenu virtuellement dans l'essence de la divinité
(داخل فى مدلول الآنيّة), après que nous avons effacé
toute notion de temps et de lieu et supprimé toute
relation à cet égard avec l'Être suprême; mais en regardant le monde actuel au point de vue du temps
et du lieu, il faut nécessairement tenir à la croyance
de sa création temporelle, par laquelle il a reçu sa
forme actuelle, et de son retour futur dans l'essence
divine[1].

2. Sur les sciences préliminaires et le but de la métaphysique.

Après l'occupation mahométane de la Syrie, les
Arabes arrivent à la première connaissance d'une
certaine partie des livres aristotéliques et, bientôt
après, quand, sous les premiers Abbasides, ils com-
mencent eux-mêmes à faire traduire Aristote tout
entier, le philosophe stagirite devient presque l'objet
d'un culte dans la littérature arabe. « Il est, dit Aver-

<hr>

makhchari, par M. Barbier de Meynard, p. 55, et Meidani, *Proverbes*,
éd. Freytag, t. I, p. 619.

[1] Le texte du dernier passage se trouve fol. 308 v°, l. 18-23:

والذى نقول أنّ العالم داخل فى مدلول الآنيّة إذا عملتَ أقسامها وعُلم
نحو الزمان والمكان ونطعت الإضافة المحضة المساوية والغير المساوية وأعط
النظر حقّه والمنظور فيه على ما يجيب بعد ان تفرض من يجرّد على يجرّد
دليلاً له اليه على ما هو منه فيها صدر عنه ويعود هو بمشار ذاته

والسلام على المحقّقين خاصّة   اقتضى الكلام والحمد لله

rhoës dans sa préface au commentaire de la physique, le plus sage des Grecs; les ouvrages qui ont
été écrits avant lui sur ces sciences ne valent pas la
peine qu'on en parle. Aucun de ceux qui l'ont suivi
jusqu'à notre temps, c'est-à-dire pendant près de
quinze cents ans, n'a rien pu ajouter à ses écrits. Or,
que tout cela se trouve réuni dans un seul homme,
c'est chose étrange et miraculeuse, et l'être ainsi
privilégié mérite d'être appelé *divin* plutôt qu'*humain*, et voilà pourquoi les anciens l'appelaient
divin[1]. »

C'est ordinairement par l'intermédiaire des traductions syriaques que les Arabes ont acquis une vue
très superficielle de la philosophie grecque; tout
ce qui précède Platon et Aristote a le caractère
plutôt mythique que scientifique, et on a grand'

---

[1] Le texte latin de ce morceau, que nous avons reproduit selon
les versions de M. Renan et de S. Munk (voy. *Aver. et l'Averrh.*, p. 41,
et *Mélanges de philos. juive et ar.*, p. 316), se trouve dans l'édition
d'Aristote *Opera Aristotelis Stageritæ cum Averrhoës Cordub. variis
in eadem comment.* Venetiis 1562. «Nomen auctoris est Aristoteles,
filius Nicomachi, sapientissimus Græcorum, qui composuit alios li-
bros in hac arte et in logica et metaphysica, et ipse *invenit* et *complevit* has tres artes. *Invenit* quia quidquid invenitur ab antiquis
scriptum in hac scientia, non est dignum quod sit pars artis hujus, nec
ambiguitas etiam, nedum quod principia essent. *Complevit*, quia nul-
lus eorum qui secuti sunt eum usque ad hoc tempus quod est mille et
quingentorum annorum, nihil addidit nec invenit in ejus verbis er-
rorem alicujus quantitatis. Et talem virtutem esse in individuo uno,
miraculosum et extraneum existit, et hæc dispositio quum in uno
homine reperitur, dignus est esse divinus magis quam humanus.»
De pareils jugements se trouvent cités par Renan, d'après *Gener.
animal.*, et *De anima*, lib. III, fol. 169 (éd. 1560); conf. Ozanam,
Dante et la philos. catholique, Paris, 1872, p. 459-460.

peine à y reconnaître les noms défigurés des philosophes de l'antiquité. En général, ce serait un travail stérile de vouloir préciser les sources d'où ils ont tiré leurs notions totalement confuses, par exemple sur Pythagore, sur Socrate, quelquefois même sur Platon; à chaque pas on trouve des bévues incroyables, et on peut tout au plus reconnaître que s'ils ont réussi à tracer un cadre quelconque du développement de la philosophie antique, ils sont dénués de tout sentiment de critique pour comprendre, même approximativement, ce développement[1]. C'est avec les traductions d'Aristote de seconde main que nous commençons à découvrir une base scientifique. Ibn Sab'în fait une remarque assez intéressante dans le morceau concernant les diverses opinions sur l'immortalité de l'âme[2] que nous communiquerons ci-après. Selon notre auteur, le premier qui ait traduit les livres d'Aristote et les ait communiqués aux musulmans, a été un personnage nommé Al-Kâhin oul-Isrâthi (الكاهن الإسراطى, « le prêtre Isrâthi »). Grec de naissance[3], il aurait d'abord professé

---

[1] Comp. les divers jugements sur les traductions d'Averrhoës et sur le rapport général entre les textes grecs et les traductions arabes. Wenrich, *l. c.*, p. 168-169; S. Munk, *Mélanges*, p. 240, 315; Wright, *Catal. of Syrian manuscripts*, part III, p. 189; Renan, *De phil. peripat. apud Syros*, Paris, 1852, p. 55 sq.

[2] Voy. man. bodl., fol. 335 v°.

[3] Comme, dans la liste des traducteurs aristotéliques qui se trouve dans le *Fihrist*, édition Flügel, t. I, p. 248-252, nous ne trouvons aucune trace de ce nom, nous ne saurions avec qui l'identifier. Comp. *Al-Farâbi*, par Steinschneider, p. 87, et le texte arabe, p. 212. Voy.

l'opinion de l'anéantissement de l'âme, puis dans son commentaire sur la septième section de l'ouvrage d'Aristote, *Auscultatio physica*, traitant de la force motrice du corps, il aurait changé d'opinion et admis son immortalité. Peut-être retrouvons-nous le même personnage sous le nom de l'*évêque Israïl* dans la citation faite par 'Ibn Abi-Osaybiah du livre de Farâbi sur la philosophie et son développement. Le point principal de cet article est de nous faire remarquer que la philosophie alexandrine s'était répandue à Antioche, et de là, par l'entremise des disciples d'un maître de Harrân, parmi lesquels semble être nommé le même Israïl, jusqu'à Baghdad. Selon Ibn Sab'în, cet Isrâthi n'est pas mahométan ; en effet, en exposant les opinions des philosophes précédents, il distingue les philosophes arabes, parmi lesquels il nomme premièrement Al-Farâbi comme hésitant en trois endroits de ses écrits sur la question de l'immortalité de l'âme, mais enfin, conformément à la doctrine des Soufis, se décidant pour l'immortalité. Nous avons déjà vu dans le compte rendu de la réponse à la première question de l'empereur que nous ne pourrons attendre d'Ibn Sab'în une véritable explication des opinions d'Aristote, nous ne trouverons dans son Traité qu'une application de sa doctrine dans le sens néo-platonicien, ou dans celui du soufisme bien arrêté de l'auteur. Ainsi, en expliquant sa réponse à la deuxième question de l'empereur : « Quel est le but

Hammer-Purgstall, *Litterat. Ges. der Ar.*, t. IV, p. 292, et *Journ. asiat.*, 1855, t. V, p. 135.

de la métaphysique (la théologie) et en quoi con-
sistent les connaissances préalables qu'elle exige, s'il
y en a[1] ? » il nous donne une vue générale de différents écrits d'Aristote et explique à sa manière comment, dans ce système, l'un de ces écrits aurait provoqué l'autre :

« La science divine (العلم الإلاهيّ) ou la théologie conduit l'homme à la spéculation sur ce qui dépasse le
monde visible, et sur les causes finales de son existence. Son but est le *perfectionnement de l'homme et
son bonheur*, tandis que toutes les autres branches
de la science humaine n'existent que pour perfection-
ner l'intelligence humaine à laquelle l'homme doit
son existence, ou pour conserver sa nature intègre,
ou préparer les moyens d'y arriver. Platon, par
exemple, parmi les anciens, a défini l'homme comme
un être séparé et élevé, et la philosophie comme la
ressemblance à Dieu, autant qu'elle dépend du pouvoir humain. Selon les anciens philosophes, le bien
absolu n'existant qu'en Dieu, et le bonheur suprême
étant de le connaitre, toute jouissance dépend du
degré de cette connaissance, et tout perfectionne-

[1] La question de l'empereur est formulée ainsi : ما هو المقصود من
العلم الإلاهيّ وما مقدّماته الضروريّة إنّ كان له مقدّمات ۞. Gazâli entend
par l'expression الضروريّة les connaissances *a priori*, avec lesquelles
l'homme naît et qui dérivent immédiatement de Dieu, opposées aux
connaissances acquises المكتسبة. Les sciences sont divisées, selon lui,
en *rationnelles* et en sciences appartenant à *la loi*; les premières en
sciences *a priori* et *acquises*, et ces dernières en *mondaines* et en *trans-
cendantes* (أُخرويّة et دنيوية). Voy. *Yhyâ el-Oloum*, éd. du Caire
t. III, p. 15.

ment dépend du plus ou moins de succès de nos recherches; donc, pour arriver à ce but, nous avons
besoin de l'âme, de la raison et de la spéculation.
Le perfectionnement de l'intelligence humaine étant
le bonheur véritable, c'est la théologie qui nous y
conduit. Mais le but suprême de la théologie, selon
les Soufis, est d'arriver à la connaissance de l'unité
absolue de Dieu, laquelle absorbe en elle tout autre
objet de connaissance, tandis que les autres sciences
servent seulement à indiquer la route qui mène à
cette notion de Dieu unique et premier principe de
tout ce qui existe[1]. Les anciens n'ont compris que le
premier degré de ce bonheur, parce qu'ils ont fait
consister le bien suprême dans l'*imitation de Dieu*,
mais non pas dans l'*absorption* de l'homme en Dieu.
Ce qu'ils ont dit de la béatitude de Dieu n'est qu'une
assimilation à l'état de l'homme privé de tout sentiment et ne contient que de vaines futilités. Au contraire, les Soufis ont regardé l'union entière avec
Dieu comme le but final de la science divine ou de
la théologie; le moyen d'y arriver est la résignation,

---

[1] Voir le même développement des moyens pour arriver à la connaissance des substances simples, chez Munk, *l. c.*, p. 201 et suiv. Les vues
de l'auteur sont tout à fait conformes à celles du néo-platonicien Plotin
(mort l'an 270 de J. C.) qui, ayant abandonné le dualisme qui existait,
selon Aristote, entre la forme et la matière, réduisit tout à l'Être
suprême et unique. La pensée humaine étant incapable par elle-même
d'arriver à la notion de cet être, c'est par l'extase mystique, don de
Dieu, que l'homme s'y élève. On peut indiquer, comme l'auteur le dit
peu après, la route qui y conduit, mais l'état extatique dépasse toute
description; l'homme perçoit alors l'unité momentanément (ἔκσ7ασις
et ἅπλωσις), mais aussitôt qu'il veut la contempler, tout disparaît.

et l'aveu de l'impuissance de nos facultés intellectuelles forme chez eux la vraie méthode de la conception de Dieu. Le seul être qui existe en réalité étant
Dieu, l'homme, l'être limité, en y arrivant, périrait;
c'est pourquoi le bonheur humain, selon les Soufis
et d'après leur science théologique, c'est la méditation, l'invocation du nom divin, la faculté de recevoir les effluves des grâces célestes, l'asservissement
des impressions sensuelles, l'action conforme à la
vérité révélée au cœur, la purification des forces
spirituelles par l'invocation de Dieu et la direction
des œuvres humaines dans ce sens. Aussi les Soufis
sont-ils plus rapprochés de la vérité que les philosophes anciens; tandis que ceux-ci ont pris pour
base les différentes branches de science, ceux-là,
au contraire, s'appuient seulement sur la nature
psychique et physique de l'homme[1]. » D'après ce
qui précède, le but de la théologie ou de la métaphysique chez les anciens était *le perfectionnement*,
Pour y arriver, ils ont d'abord regardé le monde
visible, et, parmi les biens terrestres, ils en ont
choisi quatre, sur la nature desquels tout le monde
était d'accord, savoir la *santé du corps*, la *santé des*

---

[1] Gazâli (voy. l'*Yhyâ el-Oloum*, t. III, p. 16) dit, concernant le rapport des sciences rationnelles ou mondaines aux sciences religieuses,
celles du Coran et de la Sonna : « Celui qui tient à la science religieuse ou à l'autorité seule, sans science rationnelle, est *ignorant*, tandis
que celui qui croit se passer du Coran et de la Sonna est dans l'erreur. Les sciences rationnelles ont la valeur de *nourriture*, les autres
celle de *remèdes*; l'opinion que la réunion des unes et des autres est
impossible dérive d'un aveuglement de l'esprit.

sens, *l'intégrité de la force intellectuelle* et la connaissance *des moyens d'y arriver;* ces quatre parties ont été regardées par eux comme les conditions absolument nécessaires du développement ultérieur. Après quoi, ils ont trouvé dans leur âme le désir de pénétrer dans les véritables notions des objets sensuels qui les entourent, en regardant les cieux et la terre, et de réfléchir sur les impressions de leur âme et sur les communications des autres êtres humains. Satisfaire ce désir était pour eux une jouissance et formait la base d'une science dont le but était, ou de conserver les quatre conditions ci-dessus nommées, ou d'acquérir la science pure, tout à fait indépendante d'un but extérieur quelconque. La première partie de cette science a été nommée *pratique,* la deuxième *spéculative.* Après avoir observé que les perceptions de la science pratique sont de trois espèces : les *perceptions sensuelles, les perceptions du premier degré d'intelligence, les perceptions de réflexion et de spéculation,* dont les premières forment la base des suivantes, on appela les premières classes *préliminaires* (مقدّمات), et la dernière, en tant qu'on arrivait au but, *résultats* (النتائج). Les animaux participant à la faculté d'avoir des perceptions sensuelles, on a fixé l'essence distinctive de l'homme dans les deux autres; mais, pour s'y développer, il lui a fallu nécessairement connaître les principes du monde environnant et l'essence de sa propre âme. Ainsi les philosophes distinguaient chez l'homme deux parties, l'une dépendant de la nature, l'autre de la volonté; aux études de la première classe on donnait le nom d'*études spéculatives de la nature*, à celles de la deuxième classe, le nom d'*études de l'homme* ou *études éthiques*. La méthode scientifique étant indispensable, il fallut distinguer la certitude de la faculté d'imaginer et d'opiner; à tout ce qui appartient à cette science on donna le nom de *logique*, et celle-ci fut divisée en neuf parties [1] :

La première traite des notions simples appliquées à tous les êtres; elle est connue sous le nom de *Catégories* (Κατηγορίαι, en arabe مقولات);

La deuxième traite de la manière de former des jugements simples, soit par affirmation, soit par négation; elle est appelée *Pâri erminias* (Περὶ Ἑρμηνείας);

La troisième traite de la manière de composer un syllogisme pour prouver par analogie ce qui est inconnu; elle est nommée *Analytica*, premiers analytiques (Ἀναλυτικὰ πρότερα);

La quatrième donne les conditions et les prémisses

---

[1] Voy. man. bodl., fol. 312 v°, l. 19. Comp. Ibn-Khaldoun, *Prolégom.*, trad. par M. de Slane, t. III, p. 153, qui n'indique que huit parties appartenant à l'Organon; la neuvième y est remplacée par l'introduction de Porphyrius et traite des universaux; comp. Al-Farâbi von H. Steinschneider, p. 208 (*Mém. de l'Acad. impér. des sciences de Saint-Pétersbourg*, VIIe série, t. XIII, 4), et Munk, *Mélanges*, p. 313. Nous avons le même ordre d'études pour arriver à la science métaphysique, selon le système d'Ibn-Gebirol, comp. Munk, *l. c.* p. 230-232.

d'une argumentation sûre et solide; elle est appelée *Apodictica*, ou derniers analytiques (Ἀναλυτικὰ ὕσ7ερα);

La cinquième traite des analogies utiles sur les matières qui dépassent une démonstration solide; elle est appelée *Topica* (Τοπικά), ou l'art de discuter (الجدل);

La sixième traite des erreurs de l'argumentation; elle est nommée *Sofistica* (Περὶ Σοφισ7ικῶν Ἐλεγχῶν);

La septième donne les notions appartenant à la rhétorique (ῥητορική = المعانى الخطبيّة[1]);

La huitième concerne l'art de la poésie (Περὶ Ποιητικῆς);

La neuvième manque.

Par cette méthode, en établissant les diverses espèces de prémisses, de formes d'analogie et de démonstration, on arrive à la notion de l'âme qui, dans l'usage de la langue, comprend cinq espèces : *l'âme végétative*, *l'âme animale*, *l'âme raisonnable*, *l'âme de sagesse* et *l'âme de prophétie* (نفس حيُوانيّة, نباتيّة, ناطقة, حكّيّة, نبويّة). Mais l'existence de l'âme avec ses forces si diverses, occultes, manifestes, naturelles, passionnées et intellectuelles fait supposer nécessairement celle de *l'intellect*, qui se présente à nous comme *matériel* ou *hylique*, *virtuel* et *acquis* (عقل هيولانّي

---

[1] Appelée par Aristote μόριόν τι τῆς διαλεκ7ικῆς καὶ ὁμοίωμα. Une partie des noms grecs rendus en arabe a été plus ou moins estropiée, mais on y reconnaît facilement les formes du texte original.

عقل بالملكة وعقل مستفاد). Par sa nature, c'est une substance simple et incorporelle qui ne passe de l'état virtuel en action et ne devient *pratique* ou *scientifique* que par l'entremise d'une tout autre espèce d'intellect, savoir, l'*intellect actif* (العقل الفعّال). C'est celui-ci, création immédiate de Dieu, qui constitue la nature véritable de l'homme et qui le fait parvenir peu à peu au dernier degré de perfectionnement. La notion de l'homme comprend ces deux facteurs réunis, l'*âme humaine* comme le *substratum*, et l'*intellect*. Cet intellect, comprenant toutes les sciences, doit donc être envisagé comme préliminaire et nécessaire à l'homme pour arriver à son perfectionnement; l'âme est le substratum de cet intellect, et la notion de l'homme n'est composée que de ces deux facteurs. Les formes de cet intellect émanent de Dieu, depuis la première union de l'âme au corps jusqu'au dernier degré de perfectionnement[1]. L'âme humaine et son intelligence ne représentent que des degrés divers du développement auquel toutes les sciences servent de pré-

---

[1] Voici le texte arabe du dernier morceau, fol. 314 v°, l. 1, sq. :

فمعنى عندهم أنّ العقل هو الضروريّ المقوّم لصورة الكمال وهو المتمّم لمعنى الإنسانيّة والنفس موضوعة له وإذا تفهّم العالَم الروحانّى لم يفرّق بين الأمرين لأنّ الإنسان موضوعٌ لهما تظهر فيه صور بحسب ما يفيض عليه من واهب الصور فأوّل صورة تتّصل به النفس التى تدخل للجسم فى حدّها ثمّ الثانية ثم الثالثة ثمّ الرابعة ثم يمشى الأمر به الى كماله الاخير فالنفس الإنسانيّة والعقل الانسانّى إنّما هو مراتب ومعقول الإنسان يمشى عليها ولا يتوقّم فى ذلك عدد ولا تغيير الخ

liminaires, comme tout ce développement ne sert
qu'au bonheur suprême de l'homme.

La philosophie, selon l'exposition précédente, se
divise en philosophie *théorique* (العلم) et *pratique* (العمل).

A. La philosophie théorique comprend trois
parties :

I. Science des éléments ou science de la nature
(la science inférieure), subdivisée en : 1° sciences des
éléments; 2° sciences de l'animal; 3° sciences des
plantes.

II. Science des mathématiques (la science
moyenne), dont les subdivisions sont : 1° le nombre;
2° la géométrie; 3° l'astronomie; 4° la musique.

III. La métaphysique ou la théologie (la science
supérieure), c'est-à-dire science de l'unité de Dieu,
dont les subdivisions sont : 1° l'unité de Dieu; 2° les
attributs de Dieu.

B. La philosophie pratique comprend trois parties :

I. L'éthique ou la morale, subdivisée en trois
parties.

II. L'économie de la famille.

III. La politique (سياسة الذات, المنزل, المدينة).

Aristote nous a laissé des livres sur presque toutes
ces parties de la science, outre l'ouvrage fondamen-

tal dont nous avons fait mention ci-dessus; les voici
selon l'ordre déjà établi [1] :

I. Sur la philosophie de la nature, il a composé :

1° سماع الكيان (Φυσικὴ ἀκρόασις, *Auscultatio physica*) [2];

2° كتاب الآثار العلويّة (Μετεωρολογικά, *Liber de meteoris*) [3];

3° طبائع الحيوان (Περὶ τὰ ζῶα ἱσ⁷ορία, *Hist. anim.*) [4];

4° كتاب النبات (Περὶ φυτῶν, *De plantis*) [5];

5° كتاب الحسّ والمحسوس (Περὶ αἰσθήσεως καὶ αἰσθη-
τῶν, *De sensu et sensibili*) [6];

6° كتاب النواميس (Οἱ νόμοι) [7].

II. Sur les mathématiques, il ne nous a laissé lui-
même aucun ouvrage, ses prédécesseurs ayant traité
cette branche suffisamment.

III. Dans la métaphysique ou la théologie, il nous
a laissé :

[1] Voy. manuscrit bodléien, p. 315 v°.
[2] Voy. Wenrich, *l. c.*, p. 134, 147.
[3] Voy. *ibid.*, 134, 155.
[4] Voy. *ibid.*, p. 135.
[5] Voy. *ibid.*, p. 150.
[6] Voy. *ibid.*, p. 148, et Munk, *l. c.*, p. 434.
[7] Ce nom paraît tiré de l'ouvrage de Platon Οἱ νόμοι; mais il
s'agit sans doute d'un livre sur la magie naturelle. Cf. *Journal de la
Soc. asiat. allem.*, t. XX, p. 470; de Goeje, *Cat. Codd. or.*, t. III,
p. 306.

1° La métaphysique, ما بعد الطبيعة (Τὰ μετὰ τὰ Φυσικά)[1];

2° كتاب خير المحض (*De summo bono*)[2];

3° النقّاحة (*Pomum*)[3];

4° كتاب الوحدة (*De unitate Dei*)[4];

5° كتاب تولجيا (*Theologia*)[5].

Dans la philosophie pratique, il nous a laissé :

1° كتاب الاخلاق (Ἠθικὰ Νικομάχεια, *Ethica*)[6];

2° سياسة الذات (Πολιτικά, *Politica?*)[7];

3° تدبير المدينة (*De republica*)[8].

Jusqu'à présent, nous avons exposé la partie aristotélique du système de l'auteur; mais à l'envisager
comme soufi mahométan qui se vante même d'un
certain degré d'orthodoxie, il nous reste à faire connaître ses opinions ultérieures. « Les préliminaires de
la théologie, continue l'auteur, selon la loi mahométane, sont théoriques et pratiques; leur base est le

---

[1] Voy. Wenrich, *l. c.*, p. 135, 150.

[2] Sur ce traité apocryphe, voy. *ibid.*, p. 138.

[3] *Ibid.*

[4] De même apocryphe, voy. *ibid.*, p. 162, et l'analyse de Munk, *l. c.*, p. 241-249.

[5] *Ibid.*

[6] Voy. Wenrich, *l. c.*, p. 136.

[7] Traité apocryphe, voy. *ibid.*, p. 136, 156, et Renan, *De philos. peripat.*, p. 57.

[8] Voy. Wenrich, *l. c.*, p. 144, 147, et Munk, *l. c.*, p. 314.

livre de *Dieu* ou le *Coran*, et la *tradition* ou la
Sonna; les conditions indispensables sont la *foi* et la
conviction sûre. » Après avoir indiqué les diverses manières d'envisager les rapports de la théologie avec les
connaissances préliminaires et l'Être suprême et absolu, et cité les opinions de divers philosophes anciens et modernes[1], il ajoute : «Le vrai soufi, en
étudiant les diverses branches de la science, les regarde toutes ensemble comme préliminaires ; le seul
but qu'il poursuit est d'arriver à la contemplation
de l'unité de l'essence divine et à la négation du
monde et de sa propre personnalité. «Il n'y a pas
d'autre Dieu que Dieu,» tel est le symbole des gens
du monde, tandis que celui des initiés devient : «Il
n'y a pas d'autre Dieu que Dieu, renonce à ta propre
personnalité[2]. »

Le point où il s'arrête devient un pur sentiment
de béatitude divine qui ne permet aucune définition. Il faut se convaincre de cet état personnellement, toute définition par écrit étant défectueuse;

---

[1] L'auteur nomme Aristote, Socrate, Stanius (إسطانيس), Platon,
Farâbi, Alexandre d'Aphrodisie, Thémistius, Gazâli. Hallâdj (fol.
316 v°-317 v°); quant au philosophe Stanius, dont les opinions ont
été citées par Socrate, il doit être antérieur à ce dernier, mais la forme
mutilée du nom ne nous permet aucune conjecture.

[2] Les mots du texte se trouvent fol. 318 r°, l. 11 : وفيها يقول
بعضهم لتلاميذه عند ما سأله عن حقيقة لا إله إلّا الله قال له قُلْ لا إله
إلّا الله ولا تكنْ أنت هناك وقال الآخر لمّا سأله عن مفهوم ظاهرها وما
يعطيه مدلولها عند العرب قُلْ لا إله إلّا الله وكنتَ أنت هناك يعني إلى
البقاء مع الشرك إلخ

l'indication seule suffira, et tout ce qu'on peut faire est d'appeler l'attention là-dessus. Il faut avoir éprouvé soi-même cet état, c'est le seul moyen efficace de le comprendre. Il est impossible d'en avoir aucune connaissance, si ce n'est en y arrivant et en y restant. C'est un état qu'aucune âme humaine n'a décrit ni connu parfaitement; c'est, pour résumer tout en un mot, la présence de la majesté divine (حضرة علِيّة بهِيّة) qu'aucun œil n'a vue, qu'aucune oreille n'a ouïe, qui dépasse tout rapport avec le monde naturel et les perceptions sensuelles. Ni philosophe, ni soufi, ni théologien asharite et dialecticien n'est capable de décrire cette condition, d'en indiquer le caractère et l'essence, si ce n'est après avoir pénétré la science mystique (عِلْم السفر)[1], et en avoir approfondi le contenu. « Nous prétendons, continue l'auteur[2] dans une espèce d'extase, établir une discussion sur cette matière avec le monde entier; si notre adversaire se trouve près de nous, c'est son devoir d'exiger de nous une garantie, et, sur sa demande, il sera convaincu de la vérité. Mais s'il se trouve loin de nous, il doit nous en avertir; quant à celui qui est hors d'état de s'adresser personnellement à nous ou de communiquer avec nous ou d'entamer une discussion, nous lui pardonnons et l'excusons. Je lui ai offert ma personne, et le sen-

---

[1] Cette science عِلْم السفر contient l'exposition de la voie mystique du Soufi et se trouve expliquée dans le *Kitâb al-Ta'rifât* de Djordjâni, éd. Flügel, p. 124.

[2] Voy. fol. 318 v°, l. 6 et suiv.

timent de l'équité m'a conduit à ce sacrifice, de quoi
je prends à témoin Dieu très-haut qui nous aide à
arriver au bien suprême et nous dirige vers ce but. »
Suivons notre auteur dans sa description de la voie
à suivre pour arriver à ce but suprême[1]. « L'homme
commence à désirer cet objet incomparable, et il
s'engage dans les voies scientifiques que nous avons
précédemment mentionnées. En avançant et en ré-
fléchissant comme il faut, il s'aperçoit que tout n'est
que dérivé de l'objet très haut qu'il cherche; tout
n'est qu'attribut, mais l'attribut dépasse-t-il l'essence
absolue ou est-il identique avec elle? est-il en rapport d'affirmation ou de négation avec elle? Telles
sont les questions débattues par les philosophes, par
les Soufis et les Asharites dans leurs écoles. Il acquiert alors la conviction que l'attribut de la mul-
tiplicité est renfermé dans l'essence de l'unité[2], et
que celle-ci est la vérité absolue à laquelle il faut
s'élever, devant laquelle le monde n'a pas de réalité,
mais qui existe seule par elle-même, et par qui toutes
les choses existent. Alors il retourne vers le monde,

---

[1] Voy. fol. 318 v°, l. 15 et suiv.

[2] Nous citons ici le texte du dernier passage, qui contient quelques
termes techniques, tirés du système soufi : وإذا نظر إلى المشار
الأوّل لم يجده يتعدّد ولا يقوم بغيره ووجد العالَمَ لا حقيقة له الّا
بلواحق مشاره المحمول ومشارة المحمول على ذاته هو أطلَقَ الوجود
المطلق على المشار الأوّل والوحْدة المطلقة على المشار الاوّل والذات الفاظ
على المشار الأوّل فسمّاه بالوجود لحقّ الواجب الذى قام بنفسه وقام به
كلّ شىء الخ

d'où il est sorti parce qu'il le trouvait dépourvu de
réalité; il s'élève de là au reflet de l'objet de son désir,
mais n'y trouvant pas non plus l'unité qu'il cherche,
il abandonne tout, et le monde et le reflet de Dieu
en ce monde. Reconnaissant le néant de tout ce qu'il
a acquis de connaissances préliminaires, il entend la
voix de la réalité même : « Tout ce qui existe périra,
à l'exception de sa face glorieuse » (sour. XXVIII,
v. 88). Le voilà arrivé à l'état où Dieu le vivifie et
l'inspire de sa parole : « Il est le commencement et
la fin, il est visible et caché, il est l'omniscient »
(sour. LVII, v. 3). Il a maintenant parcouru tout le
cercle; il s'est d'abord approché de Dieu, puis il s'en
est éloigné pour le retrouver à la fin, comme on
dit : « Je ne vois rien, si ce n'est Dieu avant tout, »
tandis qu'il aurait pu dire au commencement de sa
route : « Je ne vois rien, si ce n'est Dieu après, » ou
« je ne vois rien, si ce n'est simultanément Dieu. »
On ne peut employer les premières paroles qu'après
avoir renoncé à tout le monde environnant, à sa
propre âme et à sa spéculation[1]. »

L'auteur ajoute enfin une petite discussion qui
semble le rattacher de nouveau au système transcen-
dant de l'islamisme, et qui a une certaine portée
quand il s'agit de fixer ses opinions philosophiques.

[1] Nous avons jusqu'ici l'exposition pure de la doctrine néo-platonicienne (comp. Vacherot, *Hist. crit. de l'école d'Alexandrie*, t. II,
p. 293-295) qu'a adoptée, à peu de nuances près, presque toute l'école
péripatéticienne des Arabes; voy. Munk, *l. c.*, p. 60-61, 147 et suiv.,
226, 231, 239; sur Ibn Sina, qui se montre à cet égard un peu plus
réservé, comp. *ibid.*, p. 364.

En voici la teneur principale : Les sciences préliminaires à la science de Dieu supposent nécessairement l'âme, mais celle-ci n'arrive à la connaissance que par la méditation; or celle-ci ne s'obtient
que par l'intégrité des facultés qu'on n'acquiert que
par ses propres forces; donc les connaissances préliminaires sont limitées par la disposition primitive
de l'homme. Il y a pourtant des personnes, en
très petit nombre, qui arrivent à la contemplation
de la vérité sans instruction préalable et sans méditation; ce sont les prophètes et les élus de Dieu.
On pourrait en tirer la conclusion suivante : l'homme,
sans en avoir conscience, possède déjà ces connaissances comme attribut de sa nature. Mais pourtant
il faut en indiquer la première source; il ne nous
reste donc qu'à constater que les conditions préliminaires dépendent de la *volonté divine* et de l'ordre
établi dès l'éternité dans l'*essence éternelle*. Aussi, en
s'adressant à quelqu'un qui ignore la nature originelle de l'homme, il faut parler des connaissances
préliminaires, comme nous venons de l'exposer; quant
à celui qui en est informé, il faut le renvoyer à la volonté divine[1]. L'auteur termine donc toute sa disser-

---

[1] On voit que le raisonnement est conforme à cette sentence souvent citée par les philosophes de l'Orient: *Parlez aux hommes selon leur
intelligence*, sentence qu'a suivie de même Gazâli; voy. Munk, *l. c.*,
p. 380. Concernant la théorie de la volonté divine, l'auteur est d'accord avec Ibn Gebirol qui, sur ce point, semble lui disputer l'originalité; comp. Munk, *l. c.*, p. 260; voir aussi une application moderne de cette doctrine dans le livre d'Abd el-Kader, trad. par
M. Dugat, p. 32.

tation par cet argument: « La science divine ne peut
être comprise que par l'âme, où elle repose virtuellement, mais elle ne peut sortir en action et prendre
réalité que par l'intégrité des facultés et par l'intellect en capacité (بالفطرة السليمة والعقل الذى بالملكة);
or tout cela n'existe que dans les desseins éternels
de Dieu (القصد القديم) et ne dépend nullement du
pouvoir humain: donc, la science divine et humaine
avec les connaissances préliminaires n'existent en
réalité que dans les desseins éternels de Dieu (القصد
القديم بالذات). C'est Dieu seul qui nous donne la faculté d'y arriver; c'est lui qui est le commencement
et la fin, qui nous inspire, nous manifeste ses grâces,
nous conduit et nous bénit; l'Être unique, en dehors
duquel il n'y a pas d'autre Dieu, le Très-Haut et l'Omniscient. » Dans un post-scriptum [1], Ibn Sab'în fait remarquer à l'empereur que dans son pays, où se
trouvent des esprits plus tranchants que des épées,
ces questions seraient regardées comme des baga-
telles. L'empereur devra donc désormais envoyer des
questions plus compliquées et plus difficiles; mais
pour des questions comme celle-ci, qu'il s'adresse à
des novices et non pas aux vieux docteurs qui n'y
portent aucun intérêt et qui traiteraient avec un
égal mépris et de telles questions et celui qui les
a posées; ils regarderaient la discussion comme une
futilité indigne d'examen. « S'ils avaient, conclut-il,
la certitude que j'eusse répondu à ces questions,

---

[1] Ce passage n'a pas été rendu avec une entière exactitude par
M. Amari; voy. *Journ. asiat.*, 1853, p. 266.

ils me regarderaient du même œil que les questions elles-mêmes. Mais Dieu soit loué pour sa grâce et sa bonté, dût-il me préserver ou non de leur mépris! »

3. Sur les catégories et la fixation de leur nombre.

Après avoir exposé la troisième question de l'empereur[1] :

« Que sont les catégories, de quelle manière les emploie-t-on dans les diverses branches des sciences, et pourquoi en a-t-on fixé le nombre à dix? Combien y en a-t-il? Est-il possible que ce nombre soit moindre ou plus grand, et quelles sont les preuves de tout cela? »

Ibn Sab'în commence par donner à l'empereur une verte semonce pour la forme très illogique de ces questions. Pour donner une preuve de son langage insolent, nous en traduisons le commencement et la fin :

« Quant à la question « que sont les catégories? », c'est une demande d'une chose sensuelle, et par là tu t'assimiles à la foule stupide, privée d'intelligence, ou aux questionneurs qui ne possèdent pas la méthode d'examen. L'homme comprend facilement par lui-même qu'il frappe, voilà la première catégorie,

---

[1] Voy. manuscrit bodléien, fol. 320 v° : سألت ايّها الزعيم المسترشد عن المقولات أى شىء هى وكيف يتصتّرن بها فى أجناس العلوم حتى يتمّ عددها وكم عددها وهل يمكن أن تكون أقلّ وهل يمكن أن تكون أكثر عددها وكم عددها . وما البرهان على ذلك ٯ . Sur les catégories aristotéliques, voy. Zeller, l. c., t. II. p. 186-197.

l'action (يَفعَل = ποιεῖν); — qu'il est frappé, voilà la deuxième catégorie, la *passion* يُنفَعَل (= πάσχειν); — qu'il est mobile et en mouvement, voilà la troisième catégorie, la *qualité* (كيف = ποιόν); — qu'il est doué de longueur et de largeur, voilà la quatrième catégorie, la *quantité* (كم = ποσόν); — qu'il est en repos, voilà la cinquième catégorie, le *repos* (الوضع ou النصبة = κεῖσθαι); — qu'il possède, voilà la sixième catégorie, l'*avoir* (له = ἔχειν); — qu'il est père ou fils, voilà la septième catégorie, la *relation* (المضاف = πρός τι); — qu'il se trouve dans un lieu, voilà la huitième catégorie, le *lieu* (أين = ποῦ); — qu'il est dans un certain temps, voilà la neuvième catégorie, le *temps* متى = ποτέ); — enfin qu'il a des attributs, embrassant tout ce qui précède, voilà la dixième catégorie, la *substance* (الجوهر = οὐσία).

«Ta demande, continue-t-il un peu plus loin, concernant le nombre des catégories, après l'avoir fixé toi-même à dix, est la preuve la plus évidente de la faiblesse de ton instruction, de ton défaut d'exercice en matières scientifiques, de la lourdeur de ton esprit et de la perversité de ta réflexion. Tu as fait des questions sur un sujet vulgaire et connu de tout le monde, bien que tu sembles l'ignorer, et que la chose ignorée soit exactement celle que tu as indiquée peu auparavant. Tu as fait comme celui qui demandait: «les neuf cieux, combien y en a-t-il? et ces cinq choses, quel en est le nombre?» — Enfin, si je ne prévoyais que tu adresseras peut-être tes questions à un autre, je n'entamerais en aucune manière la discussion avec toi; mais, en tout cas, mon discours sera général, conformément à notre loi sainte. Je veux faire comprendre à tout le monde que tes questions sont frivoles, et que tes démonstrations n'appartiennent ni à la rhétorique, ni à la sophistique, ni à la dialectique, ni à la poésie, mais qu'elles sont de pures futilités, sans aucun sens, ni intérieur ni extérieur, et semblables à un bourdonnement d'oreilles, sans réalité, où il est impossible de distinguer ni le *pro*, ni le *contra*. »

«Les catégories, dit notre auteur [1], ou les dix genres (en arabe مقالة, dérivé du verbe قال, soit dans la signification de « définir, décrire », soit dans celle de « transférer » حمل, les catégories étant transférées du monde spirituel à toutes les choses du monde inférieur), n'ont à l'égard de Dieu qu'une seule valeur, la *substance*, qui sert de substratum à toutes les autres dans l'ordre qui suit: la *quantité*, la *relation*, la *qualité*, le *temps*, le *lieu*, le *repos*, l'*avoir*, l'*action*, la *passion*. On les emploie dans la logique, dans la science de la nature et dans la métaphysique ou la science de Dieu. »

---

[1] Voy. manuscrit bodléien, p. 322 v°. Il y a, ligne 9, une confusion dans le texte, la huitième catégorie étant exprimée par un mot illisible, الست, et les deux précédentes par les deux noms identiques الوضع et الصفة. Sur la manière dont les dix genres du monde inférieur correspondent à ceux du monde supérieur, voir les explications de Munk. *l. c.*, p. 48-49, 103, 105, et *Guide des égarés de Maïmonide*, éd. Munk, t. I, p. 191 et suiv.

Après avoir indiqué les catégories, l'auteur[1] répond à la question concernant leur nombre : « Si ce nombre peut être inférieur ou supérieur à dix, et pourquoi il a été fixé à dix? » Comme nous l'avons déjà vu, il fait remarquer que les catégories précèdent toute la création. Mais la question pouvant être prise en double sens, il s'agit de savoir si l'empereur a voulu demander : les catégories peuvent-elles se trouver seulement en partie dans un être quelconque? à quoi il faut répondre par l'affirmative, attendu que la partie qui n'existe pas dans un être se trouve dans un autre. Si, au contraire, le sens de la question est celui-ci : le nombre des catégories existantes peut-il être moindre que dix? c'est alors une question futile, à peu près comme si l'on voulait demander pourquoi dix ne peut être neuf. Ce qui est établi par nature essentielle n'est jamais assujetti à aucun changement, et ce qui est nécessaire n'a pas de cause puisqu'il n'y a rien qui le précède; les dix catégories, perceptibles aux sens et évidentes à l'intelligence, constituent l'existence du monde entier et sont les prémisses nécessaires de la logique. L'opinion des Pythagoriciens qu'elles peuvent être réduites, l'une se mêlant à l'autre ou en prenant la place, est, d'après l'auteur, une question sophistique, dont la discussion mènerait trop loin et ne serait pas claire pour l'empereur. Il en est de même de la question

---

[1] Comp. les opinions des Metacallemins sur les catégories, chez Munk *Mélanges*, p 518 note.

posée par Zénon[1] : « les catégories peuvent-elles *dépasser le nombre de dix?* » C'est également une subtilité de sophiste, qui a à peu près la même valeur que les questions souvent débattues sur l'existence du vide, de l'impossible, du néant, des mondes hors de l'univers, etc. C'est en ce sens que l'auteur ajoute quelques argumentations formelles pour prouver la fixité des catégories. Les catégories sont divisées en deux parties, les simples et les composées. Les simples sont au nombre de quatre : la *substance*, par exemple le ciel, la terre; la *quantité*, par exemple une aune; la *qualité*, par exemple blanc, noir; la *relation*, par exemple le double de la moitié et la moitié du double. Les composées sont les six autres : le *lieu*, composé de la substance et du lieu, par exemple, N. est dans la mosquée; le *temps*, composé de la substance et du temps, par exemple; Zeïd vendredi...; l'*avoir*, signifiant la possession, par exemple, chez N. est....; le *repos*, composé d'une substance unic à une autre, par exemple, N. se repose sur la terre; l'*action*, composée de la substance et de la qualité, par exemple, N. déchire et brûle; la *passion*, composée de la même manière, par exemple, N. est déchiré et brûlé[2]. D'après un autre point de vue, les catégories comprennent les genres supérieurs, intermédiaires et inférieurs; elles se trouvent *a priori* et apparaissent aussi comme résultats de la spéculation philoso-

---

[1] Sur Zénon de Citium, le fondateur du stoïcisme et disciple de Cratès, vers l'an 320 av. J. C., voy. Zeller, *l. c.*, t. III, p. 27.

[2] Sur cette division des catégories, voy. Zeller, *l. c.*, t. III, p. 83-92.

phique et de la logique, Aristote les nomme *genres des êtres existants* (أجناس الموجودات = τὰ γένη τοῦ ὄντος) ou les *genres simples* (الأجناس البسيطة = τὰ πρῶτα) ou *catégories des êtres* (مقولات الموجودات). Il les spécifie dans les *Topica*, et, dans la première section de *Auscultatio physica*, il leur distribue tout ce qui existe[1]. Tous les êtres existants se rapportant aux catégories, comme les espèces au genre suprême, il est impossible de trouver rien qui en soit en dehors et qui existe réellement. Par conséquent, les catégories embrassent toute la création et la précèdent; comme il est impossible de s'imaginer rien qui dépasse toute l'existence, il en est de même de la supposition d'une augmentation des catégories[2]. La question de l'augmentation du nombre des catégories étant tranchée, il ne reste que la dernière question : «Pourquoi le nombre en a-t-il été fixé à dix?» Comme les catégories représentent les genres les plus hauts, et ressemblent à l'unité absolue qui est la base du nombre, c'est une question futile, à peu près comme si l'on demandait : pourquoi Dieu est-il Dieu? pourquoi l'essentiel n'est-il pas attribut? Nous n'employons la question «pourquoi» que pour des choses dont il nous est possible de connaître l'existence. Par exemple, si nous demandons: pourquoi les plantes se dissolvent-elles en poussière? nous aurons la réponse: à cause de la faiblesse de leur composi-

---

[1] Voy. manuscrit bodléien, fol. 326 v°, l. 20.

[2] Comp. Munk, *l. c.*, p. 23, 48, et *Guide des égarés de Maïmonide*, par Munk, t. I, p. 193 et suiv.

tion. De même aussi, si nous demandons quelle est leur *cause efficiente*, on nous répond : « C'est l'être nécessaire, Dieu, qui les a fixées. » Si, par cette question, nous avons en vue la *matière* ou la *forme*, on nous répondra « qu'elles ont été transférées du monde spirituel, et que telle est la manière dont elles ont été établies. » Enfin, si nous voulons en connaître le but[1], il faut répondre qu'elles dépendent d'un Être suprême qui les a précédées. On peut employer cette forme de question à l'égard d'une chose matérielle, par exemple d'un anneau ; et il nous sera répondu : « qu'il est, quant à la *matière*, de cuivre ; quant à la *forme*, qu'il a celle d'un anneau servant à sceller ; que sa cause *efficiente* est l'artiste, et son *but* d'être employé à sceller. » Mais là où nous ne connaissons l'objet que par lui-même, il est impossible d'employer la question « pourquoi ». Il faut seulement répondre : « la nature essentielle des catégories est d'être au nombre de dix, » parce que tout ce qui est nécessaire en essence n'est connu que par soi-même ; si nous en cherchions la cause dans un autre être nécessaire, nous aboutirions à une chaîne infinie de causalités, comme l'observe Aristote dans son *Analytica*[2].

---

[1] Les quatre causes sont nommées par l'auteur : علّة هيولانيّة, صوريّة, فاعلة, متمّمة ; comp. Zeller, *l. c.*, II, 11, p. 246 et suiv.

[2] Voyez manuscrit bodléien, p. 329 r°, l. 19 ; comp. la même méthode de démonstration chez Munk, *l. c.*, p. 109-110, et Zeller, *l. c.*, II, 11, p. 189, note 2, qui cite de même *Anal. poster.* d'Aristote.

4. Sur l'âme.

Comme nous donnerons ci-après la dissertation entière concernant la question de l'empereur sur l'âme, nous n'apporterons ici que les points essentiels de la discussion d'*Ibn Sab'in* avec le résultat final qui se dégage de sa réponse.

Remarquons d'abord, comme la base principale de ses vues, que, selon Aristote, la forme devient immanente dans la matière, et qu'elle produit un développement *téléologique* où la transition de l'inanimé à ce qui est doué de vie ne peut être fixée en aucun point, mais se trouve dans une série continue. Le règne végétal, par exemple, qui vient après le règne minéral, est, en comparaison avec celui-ci, vivant; mais, relativement au règne animal, il est doué d'un moindre degré de vie, et ainsi de suite jusqu'au plus haut degré, celui de l'homme doué de l'âme rationnelle. Comme, dans la métaphysique, nous sommes descendus de la plus haute perfectibilité jusqu'au degré le plus bas, ainsi nous montons actuellement de l'être le plus inférieur jusqu'au plus élevé, c'est-à-dire à l'homme, qui, comme microcosme, contient en lui un reflet de l'univers. Après avoir, comme à l'ordinaire, fait remarquer à l'empereur un défaut de logique dans la question posée[1], « quelles sont les preuves de l'immortalité de l'âme? est-elle éternelle? sur quels points Alexandre d'Aphrodisie a-t-il été en

[1] Voy. le manuscrit bodléien, 329-330 r°: ما الدليل على بقاء النفس وهل تبقى وأين خالف للحكيم الإسكندر.

désaccord avec Aristote? » Ibn Sab'în commence à mentionner les diverses espèces d'âme, savoir : *l'âme végétative*, *l'âme animale* et *l'âme rationnelle*, celle-ci comprenant *l'âme de la sagesse* et *l'âme de la prophétie*. Il nous décrit la nature séparée de chacune de ces trois âmes[1] et conclut que les philosophes les plus renommés de l'antiquité et des temps postérieurs étant d'accord sur l'anéantissement des deux premières espèces, la controverse ne concerne que l'âme rationnelle. *Alexandre d'Aphrodisie* eut d'abord des doutes sur son éternité, mais plus tard il aurait abandonné cette doctrine, De même *Thémistius*, *Cratès*, *Galien*, et le prêtre *Isrâthi* (?), après avoir d'abord adopté une fausse interprétation des œuvres d'Aristote, renoncèrent ensuite à ces opinions et soutinrent l'immortalité de l'âme. Parmi les péripatéticiens arabes, *Al-Farâbi* lui aussi, à la fin de sa carrière scientifique, se déclara pour l'immortalité de l'âme[2]. «En général, conclut l'auteur, parmi les philosophes renommés, il n'y en a pas un seul qui ait l'opinion contraire. » Ibn Sab'în nous donne huit preuves[3] de l'immortalité de l'âme, parmi les-

---

[1] L'âme végétative, voy. manuscrit bodléien, p. 330 v°-331 v°; l'âme animale, fol. 331 v°-334 v°; l'âme rationnelle, p. 334 v°-335 v°. Nous avons ici les trois parties de l'âme, correspondant à celles d'Aristote : πνεῦμα, ψυχή et νοῦς; ce dernier (νοῦς ποιητικός) a son origine hors de l'organisme humain (χωρισλός), et, doué d'une nature divine, il ne périt pas avec l'homme; comp. Ozanam, *l. c.*, p. 317, 343.

[2] Comp. ci-dessus. Le même nom *Cratès* d'un philosophe grec se trouve plusieurs fois chez Wright, *Cat. of syr. man.*, p. 737, 746, 934, bien que nous n'osions l'identifier avec personne.

[3] Voy. le manuscrit bodléien, fol. 336 r°-339 r°.

quelles, comme il le fait remarquer, il y en a qui sont
évidentes par elles-mêmes, tandis que d'autres ou reposent sur des antécédents bien connus, ou font supposer des antécédents probables et conventionnels.
Ensuite, il cite le Coran, le Pentateuque, les
Psaumes, les Évangiles, des livres apocryphes et
Platon, pour prouver l'immortalité de l'âme, et finit
en mentionnant les opinions mystiques des néo-pla-
toniciens [1]. La dernière partie contient la réponse à
la question de l'empereur concernant les points où
Alexandre d'Aphrodisie a été en désaccord avec Aristote sur l'immortalité de l'âme [2]. Il fait remarquer,
conformément à ce qui précède, que l'âme possède
deux facultés, une *active* et une autre *réceptive* ou
passive, et que c'est sur cette dernière qu'*Alexandre
d'Aphrodisie*, et, parmi les Arabes, *Al-Farâbi*, ont été
en désaccord en soutenant qu'elle était périssable;
néanmoins, leur croyance en l'immortalité de la
substance de l'âme intelligente est restée intacte. On
a nié l'immortalité de la faculté passive de l'âme
comme participant de la matière du corps, contre
l'analogie qu'on pourrait, à cet égard, établir avec la
double nature, humaine et divine, d'*Adam* et du
Messie qui, produits par un acte de création divine,
ont pourtant réuni en leurs personnes ces deux natures. Une section ajoutée [3] à la fin du Traité contient
une interprétation mystique de quelques expressions

[1] Voy. le manuscrit bodléien, fol. 339 r°-339 v°.
[2] Voy. *ibid.*, fol. 340 r°.
[3] Voy. *ibid.*, fol. 340 v°-345 v°.

anthropomorphiques du Coran, spécialement cette
expression : « les mains et les yeux de Dieu, » com-
parée avec cette tradition du prophète : « le cœur
du croyant se trouve entre deux des doigts du miséricordieux [1], » tradition dont l'empereur aurait demandé l'explication. Le style très décousu de l'auteur
porte ici l'empreinte d'une grande négligence, et le
contenu ne se rapporte presque en rien à la dissertation précédente; nous avons donc omis cette partie
dans la traduction, d'autant plus que nous doutons
qu'elle soit d'Ibn Sab'în.

Une nomenclature des passages où Alexandre
d'Aphrodisie s'est éloigné d'Aristote dans ses opinions
termine la missive [2]. « Voilà, conclut l'auteur, tous

---

[1] Comp. sur ces paroles du prophète la collection des traditions
prophétiques faite par *Ssagâni*, مشارق الأنوار فى صحاح الأخبار (*Cat.
codd. or. bibl. Haun.*, n° LVI, fol. 68 inf.); on y lit la tradition,
ainsi conçue : إن قلوب بنى آدم بين أصبعين من أصابع الرحمن كتقلب
واحد يصرّف حيث يشاء الخ; voy. Dugat, *Hist. des philos. et des théol.
musulm.*, p. 108.

[2] Nous donnerons ici la traduction du texte qui mentionne ces passages, en nous abstenant de tout commentaire ultérieur (voyez
le manuscrit bodléien, fol. 345 v°, l. 10) : « Sachez, dit l'auteur,
qu'il a différé dans ses opinions en parlant, dans la deuxième section
de l'ouvrage *Auscultatio physica*, de la nature, où il n'accepte
pas l'explication d'Aristote, et n'entre pas dans ses vues; dans la
septième section, en parlant de la force motrice du corps; dans la
huitième section, sur le mouvement. De même, il a différé, dans la
deuxième section de l'ouvrage *De cœlo et mundo*, dans la disposition
de *la logique*, et en quelques définitions donnant des preuves de la
plupart des exemples cités par Aristote. De même aussi dans les *De-
finitiones* (الحدود والحد), de même dans la deuxième et la onzième section de l'*Éthique* en prétendant qu'Aristote n'aurait pas expliqué la

les points divergents entre Aristote et Alexandre
d'Aphrodisie, que je viens de citer d'après la méthode
technique, afin que tu les examines toi-même dans
les livres qui traitent cette matière. C'est pourquoi,
dans la conviction que la démonstration est évidente
par elle-même, je me suis dispensé de remarques ultérieures et de toute explication plus développée,
d'autant plus que tu ne désirais connaître que ce qui
est généralement adopté. J'ai marché côte à côte avec
toi en répondant à tes demandes; mais lorsque nous
serons réunis, nous pourrons discuter verbalement
ces matières, ce qui est le parti le plus sûr. En attendant, comprends ce que je t'ai exposé, et que
Dieu nous soit propice par sa grâce, sa bonté et sa
clémence! Ici finit la discussion sur les questions
siciliennes. Que Dieu soit loué pour ses bienfaits, ses
faveurs, sa grâce secourable et sa clémence, et que
soit béni Mahomet, notre maître élu, qui nous conduit sur le droit chemin, nous son peuple, sa famille
et ses compagnons, dans les siècles des siècles. »

question et qu'il se trompait; dans la *Métaphysique*, sous la lettre *l*,
sur la question de la force motrice de la dernière sphère, et dans sa
réfutation d'Anaxagore; dans la deuxième section du même ouvrage,
concernant quelques questions compliquées, posées par Aristote sur
l'unité, sur la science unique qui embrasse les choses mondaines, et
sur les universaux qui renferment toute l'existence; de même en
plusieurs endroits de l'ouvrage *De meteoris,* où il est question des
comètes, de la voie lactée et de l'air; de même dans le livre *De generatione,* dans le livre *De compositione,* et dans le livre *De plantis,* concernant l'âme végétative » (في كتاب الكون وفي الامتزاج وفي كتابه النبات).
— Sur les commentaires d'Alexandre d'Aphrodisie et ses autres écrits,
voy. Zeller, *Die Philosophie der Griechen,* t. III, I, p. 706 et suiv.

§ III.

RÉPONSE D'IBN SAB'ÎN À LA QUESTION DE L'EMPEREUR SUR L'ÉTERNITÉ DE L'ÂME [1].

Traduction.

Nous commençons donc par la question sur la nature de l'âme en invoquant l'appui de Dieu, le dispensateur de toute aide et de tout bien; qu'il soit élevé et glorifié de toute éternité!

1° O prince qui cherches la vérité! tu as posé ta question sur la nature de l'âme sans préciser quelle espèce d'âme est l'objet de ta demande; ainsi tu as négligé ce qui était absolument nécessaire, et tu as réuni, par une confusion regrettable, plusieurs choses qui auraient dû être traitées séparément. Mais ce qui t'a induit en cette confusion, c'est ton inexpérience à traiter des sujets spéculatifs et à faire des investigations dans une science spéciale et technique. Si tu avais connu le nombre des espèces que comprend l'âme; si tu avais su la dialectique et l'art de distinguer entre l'universel et le limité, entre le général et le spécial, entre le terme équivoque, douteux, et celui qui est consacré par la terminologie de la langue, tu n'aurais pas formulé ta question de cette manière. Quand tu demandes : «Quelle est la preuve de l'immortalité de l'âme?» on peut comprendre ta demande dans le sens de l'âme *végétative*, de l'âme *animale*, de

---

[1] Voy. manuscrit bodléien, fol. 3ᵐ9 v°.

l'âme rationnelle, de l'âme de sagesse et de l'âme de prophétie [1].

A laquelle de ces âmes se rapporte donc ta question? Car il est impossible de t'excuser en disant que cela se comprend par le contexte et par la question elle-même, et qu'il n'y a pas de doute et de contradiction dans l'opinion que l'âme végétale, comme l'âme animale, périt; la controverse n'existerait donc que pour les trois autres que j'ai mentionnées, bien qu'on dise également qu'il n'y a pas non plus de doute que ces trois âmes subsistent et ne périssent pas. On peut donc supposer que tu as eu en vue, soit l'âme végétative, soit l'âme animale, soit une des trois autres; enfin on pourrait penser que ta question vise l'âme universelle. De quelque manière que tu cherches une excuse, tu n'en trouveras pas, attendu que l'adversaire s'efforce de terrasser son rival par tous les moyens, soit en le réduisant à l'absurde, soit par la méthode du plus vraisemblable ou du strictement nécessaire, n'ayant pour seul but que de triompher dans la dispute, de le vaincre et de réfuter ses arguments. Enfin tu ne sais pas l'art de disputer et tu donneras facilement prise à ton adversaire, de sorte qu'il te réduira tout de suite au silence. Comme tu ignores la méthode de chercher la vérité, il lui suffira de préparer une prémisse. Tu n'es pas de ces hommes qui ont le privilège de dire: « nous avons posé une question, » ou « on nous a demandé, etc.; »

---

[1] Comp. ce qui a été dit plus haut, p. 60.

tu n'es pas de ces hommes distingués dans le monde par leur savoir. Nous ne trouvons devant nous qu'un ignorant, et nous n'avons ici personne qui sache poser une question, et qui connaisse la question elle-même. Ta première fougue t'a emporté, mais tu existes sans rien produire[1]. Celui qui entame la conversation avec toi semble converser avec un homme étourdi ou endormi; celui qui veut t'instruire martelle le fer froid, attendu que tes questions portent sur un objet inconnu et sont formulées en termes vagues. Ainsi tu as conservé le parfum avec le fumier et les excréments; tu t'es imaginé que les fantaisies des méchants valent autant que les rêves des saints; tu as tinté comme un grelot, et tu es tombé lourdement comme une borne; tu t'es éloigné de l'idée après y avoir jeté un coup d'œil; tu as supposé que la vérité consistait en fictions et en probabilités. Bien que la foi et la raison aient fait tous leurs efforts pour te diriger, ton désir vaniteux et ta conviction perverse t'ont induit en erreur; mais celui qui s'éloigne de la vérité en supportera les conséquences, et l'homme puise dans le trésor de son cœur. Confie ton sort à Dieu, cherche la vérité avec patience par la voie de la vérité; corrige-toi, renonce à tes habitudes, ne t'y abandonne plus, mais retourne à ta nature et à ta disposition primitive, et livre-toi complètement à elle! Alors, si tu aiguises ton esprit, tu

---

[1] Les expressions arabes sont des termes techniques, empruntés au système philosophique de l'auteur : وأنت ممّن أبرزك القصد الاوّل ولا كنْتَ ولا كوّنْتَ .

verras clairement et tu t'élèveras avec ta vue après l'avoir dégagée. Voyons donc comment tu poursuis ta question : « Quelle est la preuve de l'éternité de l'âme, et reste-t-elle éternelle? » Si tu connaissais la preuve de son existence, tu aurais déjà eu la réponse à tes deux questions; aussi, si tu l'avais posée en ces termes : « L'âme a-t-elle l'existence éternelle? » ta question aurait été formulée plus logiquement et plus clairement. Après cela, tu ajoutes : « et sur quels points Aristote et Alexandre d'Aphrodisie sont-ils en désaccord? » sans préciser ni l'origine ni l'objet de ce désaccord. Cela dépasse encore comme faiblesse d'expression tes erreurs précédentes, attendu que tu éveilles l'attention sur un certain point et tu laisses le lecteur errer dans toutes les directions possibles. Cette méthode peut-elle te conduire au but que tu devrais chercher par la bonne voie de la logique? Il serait possible qu'Alexandre eût fait de la controverse, soit concernant l'âme, soit concernant la raison, soit sur des sujets logiques, physiques ou métaphysiques. Tu ne t'excuseras pas en disant que le contexte de la question mène à un sens limité, attendu que le contexte devrait être, en ce cas, lié de façon ou d'autre à ce qui précède et à ce qui suit, mais ta question en est bien éloignée. Il ne te reste d'autre excuse que d'avouer que tu ne sais ni formuler ni poser une question. Ta question « Sur quels points Aristote et Alexandre sont-ils en désaccord? » constitue une interrogation très vague, dont l'objet inconnu peut embrasser diverses matières. Si par exemple nous avions formulé la phrase ainsi : « Alexandre a-t-il différé d'Aristote dans ses opinions sur l'âme?, la question aurait été trop générale, et on aurait encore eu besoin de la préciser, attendu qu'il y a, comme nous l'avons dit précédemment, cinq espèces d'âme. Sous quel rapport a-t-il donc différé dans ses opinions? il aurait encore fallu nécessairement préciser l'espèce de l'âme. Mais tu as généralisé encore davantage ta question, et tu as ouvert libre carrière de tous côtés en ajoutant : « Sur quels points Aristote et Alexandre sont-ils en désaccord?. » De cette façon tu nous forces à demander de quelle science tu veux parler. Si tu nous réponds qu'il s'agit de la science de l'âme ou concernant l'âme, il nous faudra encore te demander : « De quelle espèce d'âme? de l'âme végétative, de l'âme animale ou de l'âme raisonnable, etc.? » Au contraire, si tu as voulu poser ta question ainsi : « Sur quels points, sur combien de points a-t-il différé dans ses opinions, et sur quelles branches de science? » cela serait la pire question qu'on ait jamais entendue et la plus absurde qu'on ait jamais eu besoin de repousser et de réfuter. La question serait mal posée, l'objet se trouvant hors des limites de la science et sans aucun rapport avec elle, et tout effort de l'esprit pour arriver à la réponse étant perdu par la forme détestable et illogique de ta demande. Que Dieu très-haut dirige nos esprits et illumine par sa grâce et son appui nos regards! Me voilà prêt à répondre à ta question, et à te faire comprendre ce qui échappe à ton intelligence.

2° La notion de l'âme comprend trois espèces qui sont nommées : *l'âme végétative*, *l'âme animale* et *l'âme rationnelle;* ce sont les trois espèces séparées. L'âme rationnelle comprend encore dans sa plus haute perfection *l'âme de sagesse* et *l'âme de prophétie, l'intellect virtuel* et *l'intellect en action*, d'après ce que nous développerons ci-après[1]. Cette dernière âme ou l'âme rationnelle est celle à qui l'on attribue, selon la loi révélée et selon les philosophes, la plus haute prépondérance. Elle seule, parmi les âmes que nous avons mentionnées, est substance éternelle, et à chacune de ces âmes appartiennent certaines propriétés, fonctions, vertus et qualités inhérentes que nous mentionnerons ci-après séparément. Nous te montrerons quelle est l'essence propre de chacune, quel est son principe et quel est son but. Nous commencerons par l'âme végétative.

L'âme végétative.

L'âme végétative ou sensitive est la base de l'âme animale qui lui sert de forme spéciale[2]. Elle est ap-

---

[1] Comp. l'origine de cette division de l'âme chez Munk, *l. c.,* p. 245 ; le système d'Avicenne, p. 362 *ibid.,* sur l'âme prophétique comme lien naturel entre l'âme humaine et le premier intellect, *ibid.,* p. 365.

[2] Il faut se rappeler que l'espèce inférieure est, d'après le système aristotélique de l'auteur, le substratum ou la base de l'espèce supérieure, qui au contraire sert de forme à l'espèce inférieure, c'est-à-dire est l'objet d'après lequel l'espèce inférieure dirige son développement. Par contre, l'âme animale sert de forme à l'âme végétative qui est la base de l'âme animale.

pétitive ; ses fonctions chez l'homme sont le désir de
se nourrir, la recherche de la nourriture et le sentiment de satisfaction qu'elle éprouve après avoir trouvé
des aliments qui lui conviennent. Au contraire, en cas
de privation, elle éprouve un sentiment d'affaissement ;
elle repousse les aliments qui lui sont contraires, et
c'est à elle de conserver l'individu et l'espèce, ce
qu'elle fait par la nourriture et par la génération,
selon l'ordre établi par la nature. Elle possède quelque
chose de la nature sensitive qui se manifeste, par
exemple, dans les plantes ; ainsi on les voit étendre
leurs racines vers les lieux humides et tourner leurs
feuilles du côté du soleil ; les racines rencontrant un
obstacle dans leur mouvement l'évitent en cherchant
un passage plus facile. Par cette âme, le corps humain est doué du principe de croissance, et c'est par
elle qu'on dit que la plante prend sa nourriture, la
convertit en sa substance, et que les parcelles humides de la nutrition se distribuent en juste proportion dans toutes les parties du corps ; c'est par ce
principe que le corps s'assimile toujours la nourriture
qui lui vient du dehors, et qu'il augmente en volume selon la proportion qui lui a été attribuée d'après
sa nature. Cette âme porte comme qualité la forme
générale de plantes. Voilà qui nous suffit pour le
moment ; le développement ultérieur nous entraînerait trop loin de notre but, tandis que nous n'avons
eu d'autre intention en mentionnant ces espèces
d'âme, leurs natures et leurs propriétés, que d'exposer, par une argumentation évidente, ce qui en est

éternel et ce qui est périssable. Il appartient au maître
de frayer le chemin à son disciple autant qu'il le peut,
lors même qu'il dépasserait, par cette méthode,
l'objet de la question, tandis que le but essentiel auquel il faut aboutir reste toujours la preuve de l'éternité de l'âme. Cette âme végétative dépérit et meurt
par la dissolution des éléments auxquels son essence
est liée; c'est la composition qui est la base de son
existence. Bien qu'elle ait des formes végétatives particulières, des organes ressemblant à des membres
et les sept forces naturelles : l'*attractive*, la *conserva-
tive*, la *digestive*, la *nutritive*, la *répulsive*, l'*augmen-
tative* et la *formative* [1], quoique enfin elle soit douée
de la faculté de distinguer les six côtés, elle se dissout et s'anéantit par la destruction de la forme exté-
rieure qui lui a servi d'enveloppe; c'est ce qui tombe
sous les sens en ce qui concerne les plantes et les êtres
semblables. Ce sort est réservé à l'âme parce qu'elle
n'est pas préparée à recevoir la grâce, n'ayant aucune
part à l'émanation divine, ce qui te sera évident dans
la suite de notre exposition sur les autres âmes. Il
n'y a pas de controverse chez les philosophes concernant l'anéantissement de l'âme végétative; elle
périt parce qu'elle n'a ni vie ni intellect. Tout être
composé d'éléments est ramené, au moment de la
dissolution, aux éléments mêmes qui l'ont composé.
Cette âme comprend seulement des éléments naturels sans liaison avec des êtres de nature plus élevée

[1] Comp. Munk, *l. c.*, p. 55, et Kazwini, *Chrestom. ar.*, par de
Sacy, t. III, p. 472, 487-488

et différente; donc elle retourne à ses éléments,
sois-en convaincu! Il est donc évident que ta question ne peut viser cette âme, et que tu n'as pas
voulu parler de la preuve de l'éternité de son existence. Terminons donc ici cette exposition, et occu-
pons-nous de l'âme animale.

L'âme animale.

Quant à l'âme animale, elle comprend les appé-
tits naturels, comme le désir charnel, le désir de
manger et de boire, de vaincre, de se venger et de
chercher la prépondérance. A cette âme appartiennent les formes charnelles appropriées aux divers
êtres et composées d'éléments naturels. Elle possède
quelquefois des formes privées de sang[1]. Elle est
douée de mouvement spontané et libre, de cinq sens,
dont pourtant quelques-uns peuvent lui faire défaut;
elle peut sentir la douleur et le plaisir. On en trouve
des formes qui possèdent l'imagination, la réflexion,
la familiarité avec l'homme et la confiance en lui,
et la faculté de comprendre des signes; il y en a qui
savent, au moins partiellement, des métiers indus-
triels, mais à l'aide de la fantaisie et de l'imagination
raisonnée, non pas à l'aide du discernement et de
l'intelligence réfléchie[2]. C'est à cette âme et à l'âme

[1] En examinant les diverses espèces d'animaux qui sont doués
d'une âme animale, l'auteur remarque qu'il y en a certains qui n'ont
pas de sang, mais qui sont doués d'un instinct particulier et extraordinaire, par exemple les abeilles et les fourmis. Voir Munk, *l. c.*,
p. 400.

[2] Ce sont ces actions qu'Ibn Badjâ appelle *animales*; elles sont

rationnelle qu'Aristote fait allusion en s'exprimant de
cette façon un peu vague : « L'âme est le complément
du corps naturel, pour l'être doué de la vie virtuelle [1]. » C'est ce qui a induit en erreur quelques
auteurs modernes et leur a fait supposer que le grand
philosophe a voulu indiquer par cette définition l'âme
rationnelle *seule*. Ils en ont conclu que celle-ci périt
avec le corps, attendu qu'elle est, d'après l'axiome cité
ci-dessus, le complément du corps qui par elle possède
la faculté de se mouvoir et de se diriger, tandis que
les autres êtres corporels qui en sont privés ne possèdent pas le mouvement spontané. De ce mouvement d'un corps animé, on a tiré la conclusion qu'il
dérive d'une composition naturelle, et que l'âme en
est une forme produite par une combinaison des
substances élémentaires, par conséquent qu'elle périt
par la dissolution de cette combinaison, conséquence
logique de la notion de composition : « Tout être
composé se dissout en ses éléments ; donc l'âme, étant
un être composé, périt par sa décomposition. » Pourtant, ce qui a induit ces philosophes en erreur, c'est
qu'ils n'ont pas observé qu'Aristote a employé le
terme indécis et vague *l'âme*, à peu près comme on
se sert d'un seul et même terme pour exprimer rela-

dérivées du simple instinct et opposées aux actions humaines qui
résultent du libre arbitre, c'est-à-dire d'une volonté dépendant de la
réflexion ; voy. Munk, *l. c.*, p. 396, 394 et 363.

[1] Nous avons ici la traduction arabe de la définition aristotélique
de l'âme : ψυχή ἐστιν ἐντελέχεια ἡ πρώτη σώματος φυσικοῦ δυνάμει
ζωὴν ἔχοντος, cf. Zeller, *l. c.*, t. II, ΙΙ, p. 371.

tivement la grandeur et la petitesse[1]. Faute d'avoir étudié les œuvres de ce grand homme, ils ignorent que, tout au contraire, il s'est déclaré en plusieurs endroits contre cette opinion. La chose est bien claire, mais nous t'exposerons les vues des philosophes, et nous te ferons comprendre ce qui est nécessaire. Nous disons donc que la définition d'Aristote ci-dessus mentionnée est celle de l'âme en général sans aucune restriction concernant l'espèce qu'il a voulu indiquer; si, au contraire, il avait voulu parler de l'âme rationnelle; il aurait dû ajouter cette définition particulière. Continuons :

Quand on demande : « Qu'est-ce que l'âme *nutritive?* » nous répondons : « c'est le complément du corps organique et sensitif qui éprouve le besoin de se nourrir. » Aux questions « qu'est-ce que l'âme *sensitive?* » nous répondons : « c'est le complément du corps organique et sensitif; » « qu'est-ce que *l'âme imaginative?* » nous répondons : « c'est le complément du corps doué d'imagination. » Mais au contraire, nous ne décrirons jamais l'âme en général comme complément du corps organique et naturel, si ce n'est au point de vue du mouvement spontané du corps et de ses membres[2], lequel est l'opposé du mouvement

---

[1] Ceci a rapport à la doctrine de Platon qui fait naître les idées des deux éléments : de l'*un* et de l'*indéfini* (ἀόριστος); pour indiquer que ce dernier, qui comprend la matière, est assujetti à la variation continuelle, il lui donne le nom de *grand* et de *petit*. Voy. Zeller, *l. c.*, t. II, 1, p. 476.

[2] Sur la théorie du mouvement. comp. Munk, *l. c.*, p. 123-128, 394.

diurne des corps célestes qui est dû à une loi naturelle. Ce dernier mouvement tire son origine d'une force unique à laquelle rien ne s'oppose, et qui imprime au corps inanimé un mouvement uniforme, par exemple le mouvement centripète d'une pierre qui tombe. Au contraire, le corps uni à l'âme possède la faculté de se mouvoir dans une direction opposée à celle qui est fixée par la nature; par exemple, si l'homme lève le pied vers le genou, son pied monte, et presque aussitôt descend; ou s'il lève les mains vers le ciel, etc. C'est pourquoi on peut dire de l'âme qu'elle donne le mouvement à l'aide de l'*esprit animal*, des *tendons* et des *muscles*. En général, le moteur dont elle se sert pour produire le mouvement est la chaleur naturelle[1]. Les âmes célestes et les sphères possédant trois mouvements : le *centripète*, le *centrifuge* et le *circulaire*, et l'animal ayant la faculté de se mouvoir spontanément et de se tourner du côté qu'il veut, nous en concluons que cette faculté lui vient d'une nouvelle forme ou d'une force, située en dehors de sa corporalité, et de nature différente, par laquelle l'âme donne au corps un mouvement qui ressemble au circulaire, mais qui ne peut dériver de la corporalité. Si cette faculté était toute naturelle et dérivait du corps, celui-ci ne pourrait se mouvoir d'un côté plutôt que d'un autre, ni se tourner en tous sens. Donc il faut en conclure que la manifestation

---

[1] L'auteur adopte ici l'opinion d'Aristote qui a été développée plus tard dans le système des stoïciens; comp. Zeller. *l. c.*, t. II, ii, p. 374, et t III, 1, p. 180.

de l'âme est double : l'*une* est le complément du corps
naturel, où l'on ne peut distinguer ce qui donne le
mouvement et ce qui est mis en mouvement; bien
qu'elle soit étrangère à la notion du corps, elle appartient à ses propriétés inhérentes; elle est dissoluble
comme le corps; elle met en mouvement non pas un
organe spécial, mais la totalité du corps. L'*autre* manifestation est le complément du corps naturel, qui
donne le mouvement par l'*intermédiaire d'un organe*.
La première porte le nom spécial de *nature*, tandis
que la seconde s'appelle *âme;* c'est pourquoi l'âme
pourrait être définie en général comme « le complément du corps organique et naturel ». La notion de
ce complément comprend deux degrés, un premier
et un second degré. C'est ainsi que nous employons
le mot *écrivain*, signifiant tantôt celui qui, en préparant tout ce qui est nécessaire pour écrire, forme
dans sa tête l'ébauche de son sujet (c'est ce qu'on
pourrait nommer écrivain virtuel ou écrivain du premier degré), tantôt celui qui a réalisé cette intention et qu'on pourrait appeler écrivain réel ou écrivain du deuxième degré de perfection[1]. De même
l'âme possède ces deux degrés : elle est active par nature, étant douée essentiellement de vie, d'où pro-
viennent ses actions, et elle a en outre la faculté de
mouvoir le corps en une direction opposée à celle
qui est prescrite par la nature; par conséquent, l'âme
est le complément du corps naturel et organique.

---

[1] A peu près la même forme de raisonnement se trouve chez
Averrhoës, voy. Munk, p. 450 et suiv.; comp. p. 135, n° 62.

Comme nous trouvons le corps uni à cette âme que nous avons décrite précédemment, nous disons que le corps est doué de vie, et que tout corps animé est vivant.

Notez bien que la définition de l'âme donnée par Aristote qu'elle est « le complément du corps naturel, organique et virtuellement doué de vie » est vraie à ce point de vue; c'est tout ce qu'il a voulu dire, et celui qui donne une explication opposée est ignorant et déraisonnable. Aristote a très justement fait remarquer que le corps ne peut être compris en aucune relation avec la définition de l'âme raisonnable; il ne parle que de l'âme animale qui est la première base de l'âme rationnelle, tandis que celle-ci lui sert de forme spéciale. Après avoir examiné la nature de l'âme au point de vue de la physiologie, il a dû en parler d'une manière générale, en tant qu'elle appartient à l'homme. Il considère ensuite l'âme rationnelle, puis l'intellect acquis et l'intellect actif, parce qu'il a l'habitude de parvenir au but par la méthode synthétique. C'est ce que j'ai eu l'occasion de t'exposer précédemment en traitant ces questions. Le livre d'Aristote sur l'âme confirme mon opinion jusqu'à l'évidence absolue, et quiconque fait usage de son raisonnement ne peut en douter. Ce livre est divisé en trois parties : dans la première, il examine l'âme, son être primitif et sa nature; dans la deuxième, il donne un résumé de ces principes en considérant la force nutritive et la force sensitive avec les sens; dans la troisième partie, il traite de la perception sensuelle et intellectuelle[1], de l'imagination, de la force raisonnable, de la faculté d'abstraction, etc. Il faut bien observer que dans les cas où les anciens généralisent la notion de l'âme, ils le font de la même manière que leurs adhérents, lorsqu'ils en généralisent les diverses manifestations. Le terme de complément ou de perfection est très vague, de même celui de corps et d'organe; toutes ces expressions sont aussi vagues que les notions des mots relatifs *petitesse* et *grandeur*. Cette âme périt par la dissolution de ses éléments; elle s'anéantit avec eux et n'a aucune vie; les philosophes sont unanimes à cet égard, et il n'y a pas de controverse entre eux dans l'opinion qu'elle périt faute de secours de la part du Seigneur, qui donne les diverses formes. C'est pourquoi *Diogène*[2] avait la conviction que l'homme est composé de deux substances : l'une se décompose et périt, tandis que l'autre subsiste et est éternelle; cette dernière est éternelle à cause de sa disposition particulière; la première, au contraire, est périssable à cause du manque de cette même disposition. — Une partie des philosophes modernes prétendent que l'âme est éternelle sans pourtant être unie à l'intellect

---

[1] Dans le texte, on lit الحاس المشترك, qui comprend les perceptions qui sont en rapport avec le corps, mais dirigées vers les formes spirituelles; voy. Munk, *l. c.*, p. 396, comp. p. 363.

[2] L'auteur désigne sans doute par ce nom le stoïcien bien connu, Diogène de Séleucie, aussi nommé le *Babylonien*, qui fit partie de l'ambassade de Rome et mourut l'an 150 avant J. C.; voy. Zeller, *l. c.*, t. III, 1, 41, note 1. Sur les termes techniques *petitesse* et *grandeur*, voy. la note ci-dessus.

actif, mais qu'elle ne sort pas de la sphère de la lune.
D'autres prétendent qu'elle est éternelle, mais qu'elle
se divise en diverses espèces suivant sa base primitive. Ceux qui soutiennent cette opinion n'emploient
le mot *âme* que d'une manière, c'est-à-dire dans sa
signification générale ; telle est la doctrine de ceux
qui professent la **métempsycose**, ou celle des Brahmanes qui admettent l'éternité du monde (الآجالية),
les Brahmanes vulgaires. Quant à leurs docteurs,
ils croient que l'âme est indiquée dans leurs livres
saints par le mot « chaleur », et cela à cause de la
prépondérance de la matière qui l'empêche de
s'élever. Ils nient les diverses espèces d'intellects dé-
rivés : l'intellect universel, l'intellect actif, l'intellect
en capacité[1] et l'intellect acquis ; mais quant à l'intellect passif ou hylique, ils prétendent qu'il est éternel, et cette opinion a été adoptée par Alexandre
d'Aphrodisie[2]. — D'autres professent que l'âme reste
en état de suspension entre le monde sensuel et
la substance qui est au-dessus, mais sans être l'objet
de la faveur divine ; la partie dont on peut dire
qu'elle reste dans le monde sensuel, c'est la force
d'imagination sur laquelle la matière a gagné la prépondérance. Selon un certain groupe de philosophes,
l'âme, en tant qu'elle est universelle, reste au fond
de la sphère de la lune, et quoiqu'elle soit âme animale, elle appartient pourtant aux genres supérieurs ;

---

[1] Sur le terme العقل بالملكة, voy. Munk, *l. c.*, p. 450, et S. de
Sacy, *Chrestom. ar.*, t. II, p. 323.

[2] Sur les opinions d'Alex. d'Aphrodisie, comp. ci-après, p. 88.

si l'on supposait son anéantissement, l'animal périrait. — Il y en a d'autres qui prétendent que la distinction entre l'âme rationnelle et l'âme animale est
très difficile quant à la substance; ceux qui soutiennent cette opinion disent que la supériorité de l'âme
rationnelle ne consiste que dans la qualité, non pas
dans la substance, et que l'âme animale de l'homme
la précède, lui sert de base et produit une nouvelle
forme d'existence dans l'homme. Cette opinion provient chez eux d'une extrême ignorance, attendu
qu'on a oublié que la composition de l'homme est
le résultat de deux facteurs différents qui ne sont ni
de la même espèce, ni de la même essence; mais
après avoir regardé la faculté imaginative comme
appartenant ordinairement à l'âme animale [1], on a
supposé que celle-ci était homogène avec l'âme rationnelle en quantité, en qualité, en substance et en
totalité. On a ignoré que l'homme possède la substance spirituelle et la substance corporelle, et qu'il
forme un microcosme. On pourrait faire l'objection
suivante à cette opinion : « En supposant que l'assimilation de l'âme animale avec l'âme rationnelle ait
été démontrée, l'âme végétative aurait en tout cas
encore une plus grande ancienneté, et les éléments,
à cet égard, l'emporteraient sur tout le reste, ce qui
nous conduirait à un résultat absurde; » mais nous

---

[1] Sur la division des facultés de l'âme selon le système d'Avicenne, voy. Munk, *l. c.*, p. 363; la faculté d'opinion ou de conjecture (القوة الوهمية) peut, selon le philosophe grec, appartenir aux
animaux.

n'avons pas besoin de considérer ces vaines futilités.
— D'autres prétendent que l'âme animale n'a pas de
réalité, mais qu'elle ne consiste qu'en un principe
vital qui a été créé dans l'animal privé d'âme et de
raison; que par conséquent, à sa mort, elle disparaît,
tandis que l'homme, doué d'âme et de vie animale,
ne périt pas totalement à la mort. — D'autres professent que l'âme est éternelle par la transmigration
d'une base à une autre; ainsi, l'âme rationnelle
transmigre à la base humaine, tandis que l'âme animale transmigre à la base animale privée de raison,
conformément à ses espèces et à ses formes; c'est la
thèse des partisans de la métempsycose. — D'autres
admettent la même transmigration, sans distinguer
l'âme rationnelle de l'âme animale; ils ne font aucune distinction entre les âmes, mais seulement
entre les bases fixées par la nature qui seule produit
les différences de qualité; ainsi le corps qui possède
l'âme rationnelle ne peut ni contenir ni recevoir
aucune autre âme, à cause de la qualité naturelle,
de la composition et de la constitution qui correspondent à la forme et à la nature propre du
corps. Il en est de même de l'âme animale. — Il
y en a encore d'autres qui prétendent que les âmes
sont liées aux étoiles, et que chaque âme possède
une étoile qui lui est appropriée, qui la gouverne
et qu'elle suit partout; mais l'examen de cette
théorie nous mènerait trop loin. — Il résulte de
notre discussion que la question ne concerne pas
l'âme animale; mais comme cette question n'était

ni restreinte, ni limitée, j'ai dû mentionner les
différentes espèces d'âmes avec les diverses opinions
des philosophes et les démonstrations qui s'y rapportent. Si mon intention eût été de te donner une
exposition en détail sur toutes les opinions possibles
concernant cette matière, tu n'aurais pas eu besoin
d'étudier les livres traitant ces questions avec les opinions du savant (c'est-à-dire Aristote) et celles du
méchant (c'est-à-dire Alexandre d'Aphrodisie); mais
je m'en suis abstenu, eu égard à ton peu d'intelligence
et de savoir. L'âme animale est donc, selon tous les
philosophes, périssable, et ne possède nullement
l'existence dégagée de l'union éternelle. Elle n'est pas
avec le corps et ne se réunit ni avec des êtres séparés[1], ni avec des forces qui leur appartiennent. Les
formes qu'elle reçoit, suivant les philosophes, appartiennent aux corps composés et aux êtres produits
par une combinaison des éléments; à leur dissolution, sa substance périt aussi; sa nature étant composée d'éléments, elle s'y dissout, ce qui est clair
par soi-même et n'a besoin d'aucune démonstration
spéculative. Ma discussion avec toi sur la nature de
l'âme a été provoquée par ta question, mais mon
but n'est pas d'exposer ma conviction ni mes propres
opinions. Tu as demandé quelle était la preuve
d'Aristote sur l'éternité de l'âme, et tu désires des
renseignements à ce sujet. Voici ma réponse. « Le
monde entier ne subsiste que par la *première inten-*

[1] C'est-à-dire les substances supérieures et séparées, voy. Munk,
l. c., p. 394.

tion, mais non pas en réalité; c'est cette intention
qui en est le principe actif. La substance qui n'est
substance qu'avec une certaine forme n'a pas d'existence éternelle; sa durée est de la même nature que
celle du monde et dépend de cette première intention. Ce qui appartient à la catégorie du possible n'a
pas de réalité s'il n'est pas transformé en catégorie
du nécessaire [1], et ce qui a sa cause hors de soi-même
n'a pas d'existence, si ce n'est par cette même cause. »
Mais l'exposition de tout cela entraînerait de trop
grands développements. Après avoir donné les preuves
nécessaires sur la nature de l'âme *animale*, nous aban-
donnerons ce sujet pour entreprendre la discussion
sur l'âme *rationnelle;* pour cela, nous invoquons
l'aide de Dieu très-haut.

L'âme rationnelle.

C'est dans l'âme rationnelle que se trouvent la con-
sidération, la réflexion, l'amour de la science; elle
possède des connaissances qui ont pour base l'analogie et d'autres encore. C'est elle qui opère par les
mains [2] et qui possède les formes les plus élevées,

---

[1] L'auteur se trouve ici en conformité avec Avicenne, qui se sert
de la distinction du *possible* et du *nécessaire* pour établir l'existence
de Dieu; l'éternité de Dieu est absolue, tandis que celle du monde
dépend d'une cause efficiente, appelée ici *première intention.* Voy.
Munk, *l. c.,* p. 359, comp. ci-dessus, p. 30 et suiv., vers la fin du
chapitre sur l'éternité du monde.

[2] C'est-à-dire, l'âme animale n'est douée que du mouvement général du corps, tandis que le mouvement spontané qui s'effectue par
les extrémités du corps, par exemple les doigts, dépend de l'âme rationnelle.

la forme philosophique et scientifique, qui s'adonne
à la spéculation, par laquelle elle arrive à l'essence
vraie des choses. Elle est douée de la faculté d'examiner les objets et leurs causes, de s'élever par des
démonstrations des formes visibles à l'intérieur caché
et de reconnaître les divers degrés des êtres qui
existent, la manière dont ils dérivent de la cause
primitive, de Dieu très-haut, la nature de l'éternité,
de l'éternel et de son unité. Elle seule peut juger si
la définition de Dieu est plus sûre par la négation
de ses qualités que par leur affirmation; quelle est
la différence entre le premier créateur et la création
médiate; pourquoi elle occupe elle-même la place
du milieu entre celle-ci et le premier créateur[1]. Dans
cette âme se manifestent la forme sublime, la force
divine et glorifiée, la forme prophétique. C'est elle
qui reçoit la haute révélation, l'inspiration et la con-
jonction avec l'intellect actif. Elle est chargée de diriger les âmes qui s'écartent de la vérité, et de conduire l'homme à l'exécution de son devoir, de lui
faire connaître son devoir, la raison de son devoir
et le juste moment de l'observer. Elle fortifie la nature faible de l'homme en établissant des règles divines et en provoquant les dispositions convenables;
elle éveille son désir et son abstinence, lui fait des
admonitions, des promesses et des menaces. Dans
les cas où l'âme de sagesse est impuissante, c'est

---

[1] L'auteur veut dire qu'entre Dieu et l'homme se trouve la sphère
de l'intelligence ou de l'âme rationnelle qui donne à celui-ci sa forme,
tandis qu'il doit son existence matérielle à la propagation.

l'âme prophétique qui fait dériver tout du premier principe, du Dieu très-haut et saint, de sa parole glorifiée, de son être élevé et pur, sans aucune médiation et sans aucun intermédiaire d'être composé, n'ayant besoin ni de réflexion, ni de méditation, tandis que l'âme de sagesse est chargée d'examiner spécialement les universaux. C'est par l'âme intelligente que l'homme est nommé *animal intelligent*, et c'est par elle que l'homme est instruit de la vraie notion de Dieu. En considérant l'homme dans son développement, tu le trouves d'abord être simple et élémentaire; puis apparaît la première trace de la raison innée, puis l'intellect virtuel et facultatif, puis l'intellect acquis dans le monde, enfin l'intellect en action. Parmi ces forces, nous avons la *raison scientifique*, par laquelle l'homme examine ce qu'il doit réaliser de ses actions humaines, et la *raison active*, qui est le complément nécessaire de sa substance, et par laquelle il devient substance intelligente en action [1]. Ainsi ce dernier intellect a plusieurs degrés; tantôt il est en repos comme matière sans aucune forme (hylique), tantôt il est *virtuel*, tantôt *acquis* dans le monde, comme nous l'avons développé précédemment. Cette faculté de percevoir les intelligibles

---

[1] Sur ces divers degrés de l'âme qui correspondent aux mêmes degrés des intellects séparés, voy. Munk, *l. c.*, p. 127, et *Guide des égarés*, éd. de Munk, t. I, p. 307. L'intellect humain, arrivé au plus haut degré de développement, a pour objet les pures formes intelligibles et s'élève à la connaissance des intellects séparés et de Dieu. Comp. *ibid.*, p. 374 et suiv. Le même développement de l'âme humaine a été reproduit dans le livre d'Abd el-Kader, p. 34 et suiv.

est une substance simple qui ne dérive pas du corps,
qui ne change pas sa nature virtuelle en active, et qui
ne devient complète qu'à l'aide d'une substance toute
différente, l'intellect actif, qui la met en action. Les
intelligibles ne peuvent nullement être contenus dans
les objets dispersés du monde, ni dans un substratum matériel. Cet intellect a une nature parfaitement
distincte; il subsiste après la mort et n'est pas assujetti
à la dissolution; c'est une substance d'une nature
toute spéciale qui constitue l'homme dans son essence
véritable. Il faut bien comprendre que le mot *nathq*
a été employé par les anciens de trois manières diverses : la première, dans la signification de raison
primitive et innée; la deuxième, dans celle de raison
qui se développe dans l'âme par les connaissances diverses puisées dans la totalité des objets du monde;
c'est elle qu'on nomme aussi *raison dérivée*. En considérant l'essence des êtres et leurs notions, nous les
retrouvons déjà dans les facultés spéciales de l'âme,
comme objets de sa réflexion, de son examen et de
son imagination. La langue, de même, dans ses diverses compositions écrites, nous y conduit; ces dernières ont rapport à la parole; la parole indique
l'objet de la réflexion, celle-ci se rapporte aux choses,
et les choses indiquent l'intérieur caché et essentiel.
L'âme, en recevant les formes des objets de sa connaissance et en parvenant à leur notion générale, s'appelle *intelligence;* après les avoir comprises et être
arrivée à pénétrer leurs notions, elle est nommée
nathq « discernement ». En général, elle est substance

spirituelle, ignée, simple, différente de la matière,
intelligente en faculté et active par nature. Le discernement, *nathq*, est sa forme particulière et son attribut
qui peut être défini « un savoir expliquant les êtres du
monde à l'aide de l'imagination et de la perception
réelle »; ou bien « un savoir qui fait de l'intérieur caché l'objet de sa réflexion et de sa spéculation ».
Quelquefois il s'appelle « manifestation spirituelle »,
dont le principe primitif est l'âme, et dont le moteur
est l'intellect. Le discernement est l'attribut inhérent
à l'être vivant et raisonnable qui occupe une place
entre la raison immédiate et acquise; il indique les
causes des êtres, en forme dans l'âme les notions et
les distingue par la parole. Que Dieu te prête son
assistance, ô prince! dans les recherches de la vérité;
c'est cette âme qui est l'objet de ta question, et c'est
elle que tu veux connaître en demandant la preuve
de son existence après la mort, et de sa nature éternelle. Mais comme tu as posé ta question d'une manière générale, j'ai voulu t'exposer les diverses espèces
d'âmes et te révéler leurs natures, afin que tu con-
naisses la vérité. L'âme a, selon l'exposition précédente, trois degrés : *l'âme intelligente*, *l'âme animale* et *l'âme végétative*. Il est évident que la plus
noble de ces âmes, eu égard à sa forme et à sa qualité spéculative, est l'âme intelligente, parce qu'elle
est raisonnable, douée de discernement et de la faculté d'examiner, de recevoir la science et l'instruction, de discerner les choses louables et blâmables,
de montrer son zèle pour le bien suprême et son

aversion pour le mal, de recevoir la récompense et
a punition, par sa connaissance de ce qui est l'objet
de la récompense et de la punition. Cette âme (que
Dieu très-haut te vienne en aide !) est éternelle après
la mort; elle ne périt pas et ne change pas de nature;
la mort, tout au contraire, en augmente la beauté et
l'éclat, en lui donnant la véritable naissance[1]. Après
que la mort, comme nous l'avons précédemment
démontré, a dissous ce qui est composé et a réduit
les choses à leurs éléments, le spirituel retourne à
l'état d'esprit, comme le corporel à la condition
de corps, mais le spirituel ne périt jamais à cause
de la nature différente et distincte qui lui a été donnée
par Dieu. L'anéantissement ne frappe que les êtres
composés, tandis que l'âme intelligente est simple.
Il n'y a pas de controverse sur l'anéantissement de
l'âme animale et végétative après la dissolution du
corps; on n'est en désaccord que sur l'âme intelligente ou l'âme raisonnable et douée de discernement. Il y a des personnes qui croient qu'elle est
assujettie à l'anéantissement en quittant le corps,
comme l'âme animale et végétative; d'autres, au contraire, prétendent qu'elle est éternelle, douée de
vie, et qu'elle ne périt jamais; c'est ce que professe
l'élite des philosophes et des savants illustres, d'accord avec l'opinion générale. Celui qui après eux
a produit une confusion, c'est Alexandre d'Aphrodisie, qui d'abord a eu des doutes sur l'éternité de

---

[1] Nous retrouvons ici la sentence de Sénèque le stoïcien : «Dies
iste quem tanquam extremum reformidas, æterni natalis est. »

l'âme, et puis, abandonnant cette doctrine, a pré-
tendu qu'elle est éternelle. Thémistius, lui aussi, a
nié l'éternité de l'âme rationnelle, induit en erreur
par Aristote, et a placé l'âme dans les limites du
corps, bien qu'il ait abandonné en plusieurs endroits
cette opinion. Il en est de même de *Cratès* (اقّراطيس).
Galien, après avoir hésité longtemps, s'est aussi décidé à professer l'immortalité de l'âme après la mort[1].
Parmi les philosophes de l'empire byzantin, le prêtre
Isrâthi, qu'on cite entre les traducteurs les plus distingués des livres d'Aristote et qui les a répandus
dans les contrées musulmanes, a professé que l'âme
est périssable. Plus tard, dans son commentaire du
livre d'Aristote *Auscultatio physica*, expliquant la septième section qui traite de cette force motrice du
corps, laquelle se trouve en dehors de la notion de ce
dernier, il a soutenu par démonstration solide l'opinion que l'âme est éternelle. Parmi les philosophes
de l'islamisme, Al-Farâbi[2] a été indécis et a formulé
de diverses manières ses opinions en trois différents
endroits concernant cette question. Puis il s'est ravisé
et a montré une grande réserve, enfin il s'est décidé
pour la vérité en adoptant la méthode des Soufis. Les
autres savants parmi les anciens et les modernes ont
été unanimes à proclamer l'immortalité de l'âme;
on n'en trouve pas un seul qui ne soit revenu de

[1] Sur Alexandre d'Aphrodisie, Thémistius, Galien et le prêtre
Isrâthi, voyez ci-dessus, p. 25, 34; sur Cratès, peut-être identique
avec le maître du stoïcien Zénon, voy. p. 60.

[2] Sur les opinions d'Al-Farâbi, voy. Munk, *l. c.*, p. 347 et suiv.

l'opinion contraire. Si je n'avais peur de m'étendre trop au long sur cette matière, je mentionnerais les passages de leurs œuvres où chacun a parlé de ce sujet, et a défendu, soit l'immortalité de l'âme, soit son anéantissement, avec les preuves les plus complètes dans les deux sens; mais celles que je vais maintenant t'exposer te dispenseront de tout le reste.

En implorant l'aide de Dieu et en suivant sa direction, nous commencerons : « L'exposition des preuves de l'immortalité de l'âme rationnelle. »

Preuve première, tirée du mode de la perception.

L'âme humaine a besoin d'employer les sens matériels et corporels, aussi longtemps qu'elle reste vide et privée de formes intelligibles; mais en atteignant une forme intelligible quelconque, les sens par lesquels elle est parvenue à cette forme lui sont superflus. Voilà ce qui indique que l'âme est indépendante en substance et peut se passer du corps. Les organes corporels ne lui servant qu'à atteindre les connaissances nécessaires, on peut en tirer la conclusion que l'âme intelligente devient substance, et qu'arrivée au degré de l'intellect acquis, elle n'a besoin d'aucune liaison avec le corps. Nous disons donc : « L'âme est une forme intellectuelle et spirituelle; or toute forme intellectuelle et spirituelle ne périt pas; donc l'âme ne périt jamais. »

Preuve deuxième, tirée du développement de l'âme.

Prenons l'homme dans son enfance; il ne sait rien, et il n'a aucune forme distincte; puis il se développe en intelligence et en connaissance jusqu'à devenir raisonnable, sage, prophète et envoyé de Dieu. Vouloir assimiler cette condition à laquelle il est arrivé, aux qualités particulières du corps, serait en vérité chose impossible, attendu qu'il n'a jamais possédé ces qualités dès l'origine. Si, par exemple, nous prétendons que l'intelligence qu'il a acquise dérive du corps, le corps nécessairement devrait être actif, ce qui est absurde. En outre, nous voyons que l'homme dont le corps est faible, mince et amaigri par le jeûne, est doué d'une intelligence plus développée, que sa vie est mieux réglée et plus apte à atteindre son but. Si son développement dérivait du corps, il s'affaiblirait avec le corps; donc l'intelligence n'appartient pas au corps et n'est pas un de ses accidents. Si nous supposons que ce développement dérive de la réunion de l'âme et du corps, il s'ensuivrait que cette faculté de l'âme qui met en mouvement le corps dépendrait de la composition de ce dernier et ne serait pas spirituelle. La preuve pourtant qu'elle est toute spirituelle étant certaine, comme nous allons le montrer ci-après, son éternité, son existence et sa substantialité deviendront évidentes. Nous disons : « Le corps a six côtés, ce qui appartient aux connaissances préliminaires, et son mouvement d'un côté de préférence à un autre a lieu en vertu d'un prin-

cipe qui se trouve en dehors de la notion du corps,
et qui est hétérogène avec lui, le mouvement naturel
établi dans une certaine direction étant impossible
dans toute autre, à moins que ce changement ne soit
produit par un agent. Cet agent est doué de vie,
attendu que nous le voyons vouloir et choisir, ce qui
est doué de vie pouvant seul produire des actions. Il
est un être substantiel, non une qualité, l'être substantiel qui produit des actions étant une substance;
or l'âme est une substance vivante, intelligente et
douée de volonté, tandis que l'accident ne possède
ni intelligence, ni qualités, ni vie. C'est donc une
supposition toute vaine que les connaissances et l'intelligence dérivent d'un accident de l'âme, leur origine reposant dans l'essence de l'âme et n'ayant rien
de commun avec le corps, si ce n'est que celui-ci
sert d'organe à l'âme, comme l'outil à l'ouvrier. Par
conséquent, il est impossible de trouver de l'intelligence et des connaissances chez un mort; elles ne
se trouvent que chez le vivant. Or l'âme est vivante
par elle-même, et, en vertu de sa nature essentielle,
elle reçoit les connaissances, tandis que le corps n'en
est pas susceptible. Il est donc évident que le substratum composé qui constitue l'homme contient deux
substances, l'une vivante par nature, qui est l'âme,
l'autre morte, qui est le corps. Dans leur réunion,
l'âme et le corps gardent leur nature distincte; l'accident du corps, c'est la vie qui produit le mouvement
spontané dérivant de l'âme; l'accident de l'âme, c'est
la mort, qu'on pourrait aussi nommer l'*ignorance* pro-

venant du corps. L'âme est douée de vie par *nature*, le corps l'est également, mais par *accident*. Quand la réunion du corps et de l'âme, dont le résultat pour l'âme est l'ignorance complète de ce qui forme sa nature et sa substance, cesse, le corps meurt, selon la loi de la nature, tandis que l'âme entre dans la vie pure qui est sa nature originelle. Alors elle est délivrée de la mort, qui n'a été pour elle qu'un état accidentel, pendant lequel son intelligence est restée facultative, et, dès le moment de sa séparation du corps et de la purification de sa substance, elle devient intelligente en action. Nous concluons donc ainsi : « L'âme est douée de vie par sa nature; or tout ce qui, par sa nature, est vivant ne périt pas; donc l'âme ne meurt pas. » Et nous ajoutons cette conclusion : « Ce qui ne meurt pas n'est pas assujetti à la décomposition; l'âme ne meurt pas; donc l'âme n'est pas assujettie à la décomposition. »

Preuve troisième, tirée de la différence entre l'âme animale et l'âme rationnelle.

L'âme humaine est toute différente de l'âme animale. La première est douée de science, d'action, de supériorités spirituelles; elle s'abstient des jouissances corporelles, mais est désireuse des plaisirs spirituels; l'âme animale, au contraire, n'a pas de science ni de réceptivité spirituelle; elle ne s'abstient pas du mal, ne désire pas le bien, et est hors d'état de rien comprendre. Si l'âme humaine et rationnelle périssait après la séparation du corps, si elle était assu-

jettie à l'anéantissement et à la mort, si elle n'atten-
dait pas la félicité éternelle et ne récoltait pas les
fruits qu'elle a cultivés avec tant de soins et d'efforts
pendant la vie, les voluptés de l'âme animale, la dissolution dont nous avons horreur, la jouissance bru-
tale des plaisirs corporels formeraient sa seule direction véritable. La raison, la spéculation saine, tout
ce qui est propre à l'âme rationnelle, tous ses efforts
et ses connaissances ne seraient qu'erreur, imper-
fection et futilité, conclusion évidemment détestable
et fausse. La sagesse qui pénétre le monde intérieur
et spirituel nous rend témoignage de la fausseté de
cette supposition; donc nous concluons : « L'âme
rationnelle est intelligente, douée de science et de
supériorité spirituelle; or tout être vivant doué de
raison, de science, de supériorité spirituelle, est
substance à part et essence simple, douée de vie; or
l'être simple et vivant ne meurt pas; donc l'âme est
immortelle. »

Nous donnerons la même conclusion d'une autre
manière :

« La supériorité spirituelle de l'âme lui vient de la
grâce divine, et ce qui participe à la grâce divine ne
périt pas; or l'âme spirituelle est l'objet de la grâce
divine; donc l'âme ne périt pas. »

Nous pouvons aussi donner la même conclusion
d'une autre manière :

« La mort signifie la dissolution de ce qui est
composé; or ce qui est composé n'est pas spirituel,
et le corps humain est composé, tandis que l'âme

humaine est spirituelle; donc le corps meurt et l'âme est immortelle. »

Preuve quatrième, tirée de la nature de l'homme composée de deux substances différentes.

Tout être composé d'éléments simples est assujetti à la dissolution en ses éléments; l'homme est composé de deux substances, l'une spirituelle, l'autre corporelle. Nous voyons donc que le corps, par la mort de l'homme, se dissout dans les éléments dont il est composé, tandis que l'âme retourne à sa condition primitive. Nous avons prouvé que l'esprit est le principe moteur du corps qui lui donne la vie, et que la vie se manifeste comme l'action de cet esprit; il reste doué de vie après la séparation du corps et ne cesse jamais de vivre. Nous concluons donc: « Tout être composé de divers éléments se dissout dans ces éléments par la destruction de sa forme. L'homme étant composé de deux matières, l'une destructible, l'autre indestructible, une de ces choses périt, mais l'autre est impérissable; donc le corps, l'une de ces parties, périt, tandis que l'autre, l'âme, est impérissable. »

Preuve cinquième, tirée de la nature de la mort et de la vie.

La mort est l'état où l'âme cesse de se servir du corps, tandis que la vie est l'état où l'âme se sert du corps. Celui qui soutient que l'âme est périssable et mortelle après la mort, comment répondra-t-il à l'objection suivante? « Le mouvement que nous trouvons dans le corps durant son union avec l'âme et qui dérive du principe intelligent de l'être humain, de quelle nature est-il? est-il essentiel au corps ou accidentel? S'il est essentiel au *corps*, eu égard seulement à la nature corporelle de ce dernier, le corps doit nécessairement recevoir les impressions des sens après qu'il est séparé de cette notion qu'on appelle âme, ou, ce qui revient au même, le corps doit sentir en vertu de sa nature corporelle seule, ce qui est monstrueux à soutenir et renferme une absurdité absolue. Il ne reste donc que la possibilité que cette faculté de sentir lui soit accidentelle et non essentielle. Alors, si elle lui est accidentelle, elle doit dériver de l'*âme* ou d'un autre *corps*, ou d'un *accident quelconque*. Si elle dérive d'un accident quelconque, un accident en produirait un autre, ce qui est absurde; si elle dérive d'un autre corps, ce corps serait donc doué de mouvement et d'intelligence, ce qui est tout aussi absurde; il ne reste donc d'autre possibilité que de la faire dériver d'une autre substance spirituelle, différente par nature, qui n'est ni corps, ni accident, et que nous désignerons par le mot *âme*. C'est cette âme qui donne à l'homme vivant son mouvement, qui lui sert de complément nécessaire, et lui fait comprendre les idées des choses qui l'entourent; tout cela doit nécessairement dériver de la nature essentielle de l'âme ou d'un état accidentel. Si nous soutenons ce dernier cas, considérons donc quelle en est la signification. Si nous disons que cela dérive du corps, celui-ci doit être doué de la faculté

sensitive après la séparation de l'âme, ce qui est contraire à ce que nous avons observé concernant la
condition de l'âme et de son substratum le corps.
Si nous disons que tout cela dérive d'une autre substance spirituelle à laquelle le corps pourrait être
uni, il nous faut absolument définir la nature de la
substance qui donnerait au corps la sensation et le
mouvement, et déterminer si elle est douée de sensation par sa nature essentielle ou par une autre
substance, et ainsi à l'infini. La chaîne infinie de
causalité est absurde; donc il ne nous reste que la
conclusion que l'âme est douée de sensation, d'intelligence, d'action par son essence primitive, et
qu'elle est vivante par sa nature originelle. Il serait
absurde de supposer que ce qui est vivant par sa
nature et ce qui est sensitif par son être et par sa
substance, manque de vie; donc l'âme vit après la
séparation du corps. Nous concluons donc: « Ce qui
donne au corps son mouvement est un être différent
du corps, le mouvement spontané ne pouvant dériver que d'un être doué de vie. Le corps ayant la faculté de se mouvoir spontanément, celui qui lui
donne le mouvement est vivant et n'est pas corps.
Or la nature de la mort étant le repos, la nature de
la vie le mouvement, et le corps étant de sa nature
immobile, et l'âme douée de mouvement, le corps
est mortel et l'âme douée de vie. Ce qui par sa nature meurt ne peut vivre d'aucune manière, ni dans
aucune condition; donc l'âme n'est pas périssable et
ne meurt pas. »

Nous donnerons une autre forme de conclusion :

« La vie est opposée à la mort, et la mort est une qualité inhérente au corps, comme la vie une qualité inhérente à l'âme. Or la qualité de l'âme est opposée à la qualité du corps, et le corps étant périssable, l'âme, par une conclusion nécessaire, tirée de l'opposé et du contraire, n'est pas périssable. » Ou bien encore la conclusion que voici : « Ce qui est vivant par nature ne meurt pas ; s'il mourait, la mort le précéderait comme principe primitif par nature, et si la mort précédait la vie, elle l'emporterait sur la vie, ce qui est absurde. »

Preuve sixième, tirée des abstractions des choses matérielles produites dans l'état de sommeil.

L'âme opère l'abstraction idéale des choses matérielles et les transforme en essence, en conservant les formes des objets transformés ; il en est de même des choses que l'âme regarde dans l'état de sommeil, ce sont des abstractions des objets matériels et des produits de l'imagination. S'il en est ainsi, nous avons prouvé que les objets ont deux formes d'existence, l'une *matérielle*, l'autre *idéale* et exempte de cette existence matérielle. Cela étant donné, à la mort de l'homme, « l'âme s'associe aux formes idéales, et le corps à la matière. »

Preuve septième, tirée de la nature de l'âme considérée comme un reflet de la divinité.

Nous avons démontré que l'âme rationnelle est

une substance indépendante, et que tout ce qui existe par sa propre nature n'est pas assujetti à la dissolution. Si l'on nous fait cette objection : « On pourrait pourtant supposer qu'une substance qui existe par sa propre nature soit assujettie au sort des êtres matériels et à la dissolution; » nous répondons : « Si cela était possible, il faudrait supposer qu'une telle substance abandonne sa nature propre, et, par conséquent, qu'elle est en même temps douée et privée de sa nature essentielle, ce qui est absurde et impossible. La substance étant une, simple, non composée, contient en même temps sa cause et l'effet de sa cause. Au contraire, pour tout ce qui est assujetti à la dissolution, cette dissolution provient de ce fait que la cause constitutive a été abandonnée. Aussi longtemps qu'une chose reste unie à la cause qui la soutient et la fait exister, elle ne périt pas et ne peut être exposée à l'anéantissement. S'il en est ainsi, et si la substance existe par sa propre nature, elle ne sera jamais séparée de sa propre cause, ni elle n'abandonnera son être originel. En changeant de nature, sa cause se perdrait; elle est sa propre cause parce qu'elle n'est que le reflet de sa nature primitive, et ce reflet d'elle-même constitue sa forme primitive. Or, étant elle-même la cause de ce reflet, elle est sa propre cause, et, par conséquent, elle ne sera jamais assujettie à l'anéantissement et à la dissolution. Nous en tirons cette conclusion : « La substance spirituelle qui existe par elle-même connaît son créateur, et cette connaissance forme sa substance et son être. Cette connaissance qui la rattache au créateur est une réalité, et la substance qui a de la réalité ne périra jamais; si elle périssait, toute essence corporelle et spirituelle, même celle de notre preuve, serait pure vanité; donc la substance qui existe par elle-même ne périra jamais. »

Preuve huitième, tirée de la notion de l'âme
comme substance simple qui n'est pas créée dans le temps.

Toute substance simple qui existe par elle-même, c'est-à-dire par sa propre nature, a son origine hors du temps; par son essence, elle est au-dessus des êtres temporels, ne devant son origine à aucun être hors d'elle-même, tandis que les êtres créés sont composés et assujettis à la loi de la dissolution. Il est donc évident que tout être qui existe par lui-même est hors du temps et élevé au-dessus du temps et de toutes les choses temporelles. L'âme rationnelle est une substance simple qui existe par elle-même; elle ne peut nullement être rangée parmi les êtres mondains temporels et périssables; ce qui n'entre pas en rapport avec le temps ne meurt pas, la mort n'ayant de pouvoir que sur les êtres qui sont en relation avec le temps. Par la notion de temps nous comprenons le *medium*, qui rattache les événements l'un à l'autre, et l'espace étendu qui est coupé par les mouvements de la voûte céleste. Le principe moteur est hors de l'univers, c'est une substance spirituelle d'où dépend le mouvement céleste, et à laquelle appartient l'âme ; elles ont toutes les deux la même essence originelle ; *donc l'âme reste éternelle après la mort.*

Toutes ces preuves sont justes et se rattachent l'une à l'autre; il y en a qui sont évidentes par elles-mêmes, tandis que d'autres reposent sur des antécédents bien connus, et que d'autres font en outre supposer des antécédents probables et confirmés par la dialectique. En attendant, nous soutenons que ta demande en général a été satisfaite, la partie qui précède préparant celle qui suit, et celle-ci éclaircissant ce qui précède. Si tu trouves encore des difficultés, s'il te semble que tout n'est pas assez clairement exposé, et que tu aies encore quelque peine à comprendre, fais des recherches ailleurs sur les questions qui t'embarrassent, et tu trouveras la confirmation évidente de ma thèse que « toute substance qui existe par elle-même a son origine hors du temps, que l'âme appartient essentiellement à cette substance, ou plutôt qu'elle est identique avec elle. » La preuve de l'éternité de l'âme reposant sur cette base n'a aucune réalité, à moins qu'on ne soit, par démonstration solide, persuadé que l'âme est substance spirituelle et simple, ce que j'ai déjà fait remarquer dans ce qui précède. Il faut donc recourir à cette preuve, et la justesse de la conclusion te paraîtra évidente. Dans tous les cas pareils, tu dois te conformer à cette analogie et composer toi-même le syllogisme. Après chaque preuve, j'ai ajouté l'explication, j'en ai donné un résumé et indiqué autant que possible le contenu

selon la stricte exigence de la logique. Que cela te serve
d'enseignement!

En général, les savants de l'antiquité, les saints
prophètes, les plus grands philosophes ont soutenu
l'immortalité de l'âme, ce qui résulte clairement de
leurs livres divinement inspirés, et de leurs ouvrages
scientifiques et philosophiques. Le très haut et très
vénérable Coran le confirme, de même la loi de
Moïse, l'Évangile, les Psaumes et les autres livres ré-
vélés (المُصْحَف). Dieu a dit : « Auparavant tu vivais dans
l'insouciance de ce jour; nous avons ôté le voile qui
te couvrait les yeux, aujourd'hui ta vue est perçante[1]. »
Notre prophète a dit: «Les hommes sont plongés
dans le sommeil, après la mort ils seront éveillés[2]. »
Dans l'Évangile, nous lisons après la mention de la
sainte Cène, après ce qui est dit de la préférence
donnée au vendredi et à la suite de la mention de
Mahomet le prophète : «L'âme véridique me connaît; moi, je suis la vérité, et celui qui me connaît
est à moi; l'âme mensongère ne me connaît pas, elle
est à Satan, et Satan est l'objet de ma colère[3]. » De
même nous lisons dans la Thora: «Ô Moïse, ap-
proche-toi de moi avec ce qui est impérissable, avec

---

[1] Voy. sourate L., v. 21.

[2] Comp. une sentence pareille: «La vie du monde est un songe,
la vie future un réveil, et la mort se trouve entre les deux.» إنّ
الدنيا حلم والآخرة يقظة والمتوسط بينهما الموت. Gazâli, t. IV, p. 393,
éd. du Caire, Ihya el-Oloum.

[3] Il serait inutile de chercher la citation du saint Évangile; on

ce que j'ai créé pour l'éternité. Si ton âme croit et fait de bonnes œuvres, je lui accorderai ma grâce; si elle est incrédule et rebelle envers moi, je lui montrerai ma colère. » De même dans les Psaumes : « Ô David, sanctifie ton âme; tu parviendras alors à la félicité éternelle; ne reste pas dans l'insouciance de ton âme afin que tu ne tombes pas dans la misère la plus profonde pour l'éternité. » Dans les saints livres, nous lisons dans le même sens : « L'âme du croyant sera l'objet de ma miséricorde éternelle, tandis que l'âme de l'incrédule sera l'objet de mon châtiment, et mon châtiment ne finira jamais. » — Toutes les citations que j'ai indiquées sont faites d'après des traductions; c'est pourquoi nous ne prétendons pas qu'elles soient la vraie parole de Dieu, mais seulement qu'elles renferment de la sagesse et servent à confirmer la teneur de ce que nous avons prouvé par l'argumentation qui précède. Nous n'avons traité de tout cela que pour te satisfaire et répondre à tes questions d'une manière toute confidentielle. Les philosophes, au contraire, ont composé une innombrable quantité d'ouvrages sur ces questions, dont la solution est leur point capital, et que chacun s'efforce de pénétrer au moyen des trois branches de science : la logique, la physique et la métaphysique; elles forment l'échelle par laquelle ils montent à la

trouve plusieurs réminiscences de ce passage, par exemple, saint Jean, VIII, 12, 26, 28, 32, 44. Il en est de même de celles du Pentateuque et des Psaumes, où il nous a été impossible, même approximativement, de découvrir les endroits auxquels l'auteur a fait allusion.

vérité. Le divin *Platon* a composé sur l'immortalité de l'âme l'ouvrage nommé le *Phèdre* [1]; en outre, il a traité le même sujet en beaucoup d'autres livres. De même *Socrate*, son maître, parle des diverses formes spirituelles et nous donne les plus fortes preuves de l'immortalité de l'âme. *Aristote* lui aussi a composé le livre sur l'âme en trois sections, sans parler des auteurs modernes dont la mention nous mènerait trop loin. En général, tous les prophètes et les sages les plus considérables ont soutenu l'immortalité de l'âme, mais les sages de l'antiquité qui ont donné des preuves de cette immortalité sont des magiciens (أهل السيميا), dont la manière d'opérer est parfaitement connue. Ils ont fait de l'âme une substance indépendante du corps avant sa séparation d'avec ce dernier, et, par ce moyen, ils ont cherché à agir sur le monde extérieur. Après s'être convaincus que l'âme est toute spirituelle, ils l'ont soumise à un traitement secret, qui, d'après eux, produirait l'essence vraie de l'âme, et ils ont essayé d'en chasser les scories et d'en exalter les bonnes qualités, afin qu'elle soit transformée en substance primitive, pure et véritable, où il n'y aurait rien d'impur; c'est à ce point de vue qu'ils ont considéré toute la création, qu'ils l'ont divisée et traitée dans

---

[1] L'ouvrage de Platon que l'auteur a voulu indiquer est sans doute le *Phèdre*; c'est pourquoi il faut lire avec un léger changement des points diacritiques du manuscrit bodléien : افريطياس, au lieu de اقرنطياس, forme qui s'éloigne trop de la prononciation du nom grec. Peut-être pourtant faut-il penser à *Criton*, dialogue de Platon.

leur système[1]. Comparés avec les savants musulmans, « ils sont sourds, muets et aveugles comme les brutes, mais encore plus égarés[2]; » ils ne savent pas ce qui est démontré, et n'ont aucune méthode de démonstration. Si tu étais de ceux qui s'intéressent à leur argumentation et qui suivent leurs doctrines et leurs enseignements, je pourrais te citer des discours de nature à porter l'étonnement et le trouble dans l'âme de tout homme raisonnable; le saisissement que tu en éprouverais te ferait demander grâce. Contente-toi donc de ce que je t'ai écrit; réfléchis et conserve cette missive; peut-être te rangeras-tu à mes opinions, t'éveilleras-tu et deviendras-tu égal à celui qui a la foi gravée dans son cœur! Que Dieu te donne sa grâce et te dirige par sa bonté vers le bien suprême!

Nous avons terminé notre discussion sur l'âme, ses diverses espèces, ses qualités et les preuves de son immortalité, selon la méthode qui nous semble la plus convenable. Ce travail m'a paru digne de ton intérêt et de tes questions, comme ma réponse a été adaptée à l'intelligence de celui qui les a posées. Maintenant, je veux t'exposer les points où Alexandre a été en désaccord avec Aristote. Mais ta

---

[1] Comp. sur la magie (السيميا, dérivé du grec σημεῖον), et spécialement l'espèce de magie dont se sont servis les Soufis, Ibn-Khaldoun, *Prolég.*, trad. par de Slane, t. III, p. 188, 196-197. Les mots très obscurs du texte, et en partie empruntés à une terminologie à part, se rapportent, comme on le voit, à la doctrine du mysticisme néo-platonicien.

[2] Passages du Coran, voy. sour. II, v. 166, et sour. XXV, v. 46.

question : « En quoi Alexandre a-t-il été en désaccord avec Aristote? » est trop vague et n'est pas limitée[1]. C'est pourquoi elle ne serait digne d'aucune réponse, si je voulais faire des chicanes, attendu que tu n'as précisé ni dans quelle branche, ni pour quelle cause, ce savant a différé dans ses opinions. Néanmoins, j'ai l'intention d'abréger ma réponse, de l'adapter à ta demande, et de la disposer dans l'ordre le plus convenable. Il me semble plus à propos de parler des passages où Alexandre a différé d'Aristote concernant la question de l'âme, ce qui me paraît le sujet le plus voisin de ta demande. Ensuite nous exposerons le nombre de ces passages et leur contenu; nous aurons ainsi atteint le but de ta demande, et nous en ferons un résumé général. Nous commencerons donc cette dernière partie de notre réponse en invoquant l'aide de Dieu.

L'âme possède une faculté *active* et une autre *passive* ou *réceptive*; ainsi considérée, l'âme s'appelle *intellect*[2]. Ces deux facultés ont un mode d'action différent; par l'une, les notions arrivent à l'âme en action, bien qu'elles y soient virtuellement présentes; par l'autre, elle reçoit ces notions; ainsi l'âme possède une force *active* et une force *réceptive* ou *passive*. La fonction de cette dernière faculté qui reçoit les notions a évidemment lieu après la première, attendu que par elle nous recevons spontanément les idées quand nous voulons les abstraire de la ma-

---

[1] Comp. ci-dessus la même critique de la question, p. 64 et suiv.
[2] Comp. ci-dessus, p. 61, 62.

tière et leur donner diverses formes. Tout cela nous
est donné par la faculté active. C'est elle qui nous
fait comprendre la totalité de l'existence par les
formes qui lui sont inhérentes *a priori;* elle se développe en nous, et devient une nouvelle forme; c'est
elle enfin qui reste après la mort et qui s'appelle *intellect actif.* Selon le livre d'Aristote sur l'âme, il est
évident que cette faculté est éternelle, et il n'y a pas
de désaccord chez les commentateurs sur son éternité; elle nous est donnée spécialement, et c'est par
elle que nous agissons spontanément. Mais quant à
la faculté *réceptive* ou *passive,* les commentateurs
d'Aristote sont en désaccord. Théophraste[1], Thémistius[2] et les anciens péripatéticiens soutiennent qu'elle
est éternelle, et que notre intelligence est composée
de ces deux facultés, *l'active* et la *passive* ou la *virtuelle.* Alexandre d'Aphrodisie[3], Anbetàs el-Ankàli
(انبطاس الأنكالى = *Yamblichus?*)[4], et Al-Faràbi[5] parmi

---

[1] Théophraste est contemporain et un des disciples les plus cé-
lèbres d'Aristote; il mourut vers la fin du III⁰ siècle avant J. C.; sur
ses opinions touchant les fonctions de l'âme, voy. Zeller, *l. c.,* t. II,
II, p. 676-680.

[2] Sur Thémistius, voy. ci-dessus, p. 25, note 2.

[3] Sur Alexandre d'Aphrodisie, voy. *ibid.,* note 1.

[4] Par ce nom mutilé, l'auteur nous semble indiquer *Iamblique de
Chalcis,* appartenant à l'école syrienne du néo-platonisme, et mort
vers l'an 330, sous Constantin; cf. Vacherot, *l. c.,* t. II, p. 59 et suiv.

[5] Sur les opinions d'Al-Faràbi, voy. ci-dessus, p. 375, et S. Munk,
Mél., p. 347. La théorie des philosophes arabes sur l'âme ayant été
clairement développée par S. Munk, *Le Guide des égarés,* t. I, p. 304-
308, nous n'avons pas besoin d'y rien ajouter. Cf. le système d'Ibn
Sina dans Sharistani, *Book of relig. sects,* texte arabe, t. II, p. 413-
418.

les modernes, soutiennent que l'intelligence passive est un être périssable, tandis que l'active est éternelle. Ce qui leur a fait supposer cela, c'est qu'ils ont observé que *l'intellect hylique*, ou *l'intellect privé de toute forme*, est le complément de notre être et fait partie de notre nature, mais qu'il est périssable à cause de cette union avec le corps. Ils soutiennent donc, concernant cette disposition intérieure (الآستعداد الكائن فينا) de notre être, qu'elle est périssable; mais, malgré cela, leur croyance sur l'immortalité de la substance de l'âme raisonnable reste intacte. Ils ont par là voulu indiquer que l'âme en un sens se dissout avec le corps, mais ils reconnaissent tous qu'elle est immortelle, si on l'envisage comme identique à la sagesse. En considérant leur raisonnement, tu trouveras que, tout en traitant en apparence le même objet, ils partent néanmoins d'un double principe. Alexandre d'Aphrodisie a abandonné cette opinion dans son explication de la cinquième section de la métaphysique, et Ibn Sayigh, en soutenant que l'homme est composé d'une matière périssable, l'intellect hylique, et d'une autre matière qui ne périt pas, l'intellect actif, a cru émettre une opinion toute nouvelle; mais il s'est trompé, attendu qu'elle est très ancienne et n'a pas de solidité. En général, tous les philosophes que j'ai mentionnés sont unanimes dans leur supposition que l'âme rationnelle est éternelle, et la différence entre eux ne porte que sur l'une des facultés de l'âme.

L'erreur provient des opinions divergentes sur la

faculté passive, suivant qu'on la regarde comme une *forme de l'âme* et qu'on lui attribue l'éternité après la mort, ou suivant qu'on considère seulement comme éternelle la *substance de l'âme*, cette faculté devenant alors un *complément accidentel*. C'est le point essentiel où le *maudit* (Alexandre d'Aphrodisie) diffère (tenant à l'opinion que l'âme réceptive est une disposition naturelle qui tire son origine de la composition matérielle, il nie son éternité) et montre un orgueil pareil à celui du diable, lorsqu'il répondit au Seigneur[1] : «Comment me prosternerai-je devant celui qui est en rapport de parenté avec tel ou tel et qui tient son existence d'un autre?» Le Messie pourtant a participé aux qualités divines par un côté de sa nature (c'est-à-dire qu'il est créé immédiatement par Dieu, sans père), et Adam, créé sans mère, a réuni des deux côtés (c'est-à-dire du côté du père et de la mère), en sa personne, la nature divine. De même aussi, on trouve le duel du mot بد «la main» employé tantôt pour désigner les deux mains, tantôt pour exprimer par métaphore l'omnipotence de Dieu, etc.[2]

---

[1] C'est une allusion au Coran, sour. XVII, v. 63.

[2] Le dernier morceau mis entre parenthèses est, d'après ce que j'ai exposé ci-dessus, probablement ajouté par le disciple d'Ibn Sab'în qui s'est chargé de publier la missive; nous avons donné ici un échantillon de son contenu. Ce qui suit, fol. 340 v°, l. 17 (فصل ومن فروع هذه المسئلة . . .), fol. 345 v°, l. 10 (اعلم أنّه خالفه), contient en deux sections une explication soufite de quelques termes anthropomorphiques du Coran, que l'auteur rattache à cette sentence du prophète: «le cœur du croyant se trouve entre les deux doigts du

CONCLUSION.

Après avoir examiné les vues de l'auteur telles qu'elles sont exposées dans ses réponses aux quatre questions de l'empereur, nous possédons assez d'éléments pour désigner exactement l'école philosophique dans laquelle il faut le ranger. D'abord nous trouvons une large base aristotélique et platonique. C'est conformément à la théorie d'Aristote qu'il développe son système du monde avec les sphères célestes et le système des sciences dites *préliminaires*, nécessaires pour arriver à la connaissance de l'être unique; enfin il admet les dix catégories et la division de l'âme en trois espèces. Jusque-là on pourrait le ranger dans l'ancienne école péripatéticienne arabe qui, au moins en apparence, n'abandonne jamais le fond de l'islamisme, et qui, aspirant toujours à une certaine orthodoxie, place au sommet de son édifice philosophique le Dieu unique du Coran, au lieu de la notion vague du Dieu aristotélique. La matière reposant dans la substance de Dieu est éternelle, et la création consiste dans une émanation de formes qui dépend de la volonté libre de cet être suprême. Les sphères célestes, éternelles comme étant créées hors du temps, sont animées d'un mouvement

miséricordieux;» cette explication aurait dû appartenir aux questions de l'empereur. La fin de l'ouvrage, fol. 345 v°, l. 10, 346 r°, l. 4, contenant la nomenclature des endroits où Alexandre d'Aphrodisie a différé d'Aristote, avec la conclusion de l'auteur, a été donnée ci-dessus, dans l'analyse de ce chapitre.

perpétuel par une attraction spirituelle vers cet être
unique. C'est lui qui a donné à chaque être terrestre,
depuis celui qui est au bas de l'échelle jusqu'à l'homme
qui renferme dans son intérieur le microcosme
complet, l'aspiration de s'élever à un degré supérieur de développement. Pourtant ce n'est que
l'homme qui possède, par la grâce de Dieu, la faculté d'atteindre à la contemplation éternelle de la
majesté divine dans la vie future; s'il réussit ou non
dans ses efforts, cela dépend de *l'élection divine* et
du *dessein arrêté* dès l'éternité dans le plan de Dieu.
Le but de cette vie mondaine est l'absorption entière de la personne humaine en Dieu, et, pour y
arriver, Ibn Sab'în nous fait voir, à côté de l'aristoté-
lisme et de l'islamisme, un troisième facteur de son
système, à savoir la théosophie ou le mysticisme et
le soufisme.

C'est par la méthode empruntée au soufisme
(التصوّف) que l'auteur montre à l'empereur la voie du
suprême salut. Il entend par là l'absorption entière
de la personnalité en Dieu; c'est par elle que « Dieu,
comme nous l'avons lu dans la préface de l'éditeur,
fit triompher l'islamisme et lui procura la victoire
sur la foi chrétienne. » Les connaissances mondaines
ou préliminaires sont, il est vrai, nécessaires, mais
seulement pour arriver à la triste conviction que tout
ce qui a rapport au monde n'est que vanité. Parvenu
à ce point, l'adepte entend la voix de la réalité céleste et entrevoit la majesté divine, mais ce n'est que
momentanément dans cette vie; jusqu'à sa mort, qui

est pour lui la véritable naissance, il n'a qu'à préparer
son union définitive avec l'être éternel, ou, pour employer le terme technique, avec l'intellect actif.
Nous comprenons facilement que ce système de
théologie ou de métaphysique ait été l'objet de jugements si opposés de la part des auteurs orientaux.
Tandis que les uns regardent Ibn Sab'în comme
un modèle de piété religieuse, selon les autres,, il a
mérité la punition éternelle. Pour être juste envers
notre philosophe dans cette diversité d'opinions, tout
en ayant égard à l'orthodoxie musulmane, il faut
d'abord préciser quel est le soufisme d'Ibn Sab'în.
Selon Ibn Khaldoun, il y a une espèce de soufisme qui admet l'émanation de Dieu, par laquelle
il se communique graduellement du centre jusqu'au
dernier degré de la création. Une autre secte soufite
place dans chaque objet du monde sensuel la faculté de perfectionnement et d'aspiration à un degré
supérieur à celui qui est la base de sa nature. Selon la
première secte, nous avons un monde des réalités et
des idées (عالم الملكوت) renfermé en Dieu, duquel sort
le monde composé et élémentaire (عالم الملك والشهادة).
Bien que ce système ne corresponde pas à la trans-
cendance originelle de l'islamisme, nous y retrouvons pourtant la notion de Dieu séparée du monde,
qui est gouverné plutôt par une force dynamique
que par la pleine liberté de la volonté divine. Selon
la seconde secte, nous avons l'*immanence absolue* de
Dieu dans le monde, ou une intelligence infinie éche-
lonnée depuis le degré le plus bas jusqu'à l'homme,

les êtres spirituels et Dieu qui plane au sommet
de l'univers, en réunissant en son être toutes les différences de facultés et de puissances. Mais la notion
de Dieu comme créateur et souverain du monde,
doué de l'omnipotence, est remplacée par un pan-
théisme complet qui a beaucoup d'affinité avec celui
d'une école moderne. C'est à ce système qu'on a voulu
rapporter l'axiome d'Ibn Sab'in : « Le Seigneur est
la réalité des choses qui existent, » et Ibn Khaldoun [1] range notre auteur dans cette dernière classe
des Soufis modernes. Bien qu'il soit souvent très
difficile de distinguer les partisans des deux systèmes,
l'analyse des réponses à l'empereur me semble bien
clairement indiquer qu'Ibn Sab'in professait l'émanation de Dieu, et, par là même, s'efforçait de garder
l'apparence d'une stricte orthodoxie mahométane. Le
mysticisme en général ayant ses racines, soit en
Orient, soit dans le néo-platonisme, nous ne devons
pas nous étonner de trouver le même fonds d'idées
dans les théosophies juive, chrétienne et mahométane, idées modifiées pourtant par les diverses reli-
gions, dont, au moins en apparence, elles s'efforcent
de conserver la plus stricte orthodoxie. L'aspiration
de s'élever, par la voie extraordinaire et accidentelle
de l'extase, à la contemplation de Dieu, et de pénétrer par la diversité du monde jusqu'au mystère de
l'unité divine et éternelle, en forme le caractère commun. Le système de notre auteur est déjà, à peu de

---

[1] Voy. *Les Prolégomènes d'Ibn-Khaldoun*, trad. par de Slane, t. III,
p. 103; comp. t. II, p. 192.

différences près, représenté par le célèbre scolastique du xie siècle Avicébron ou Salomon ben Gébirol, auteur de l'ouvrage philosophique connu par la traduction en hébreu *Meqôr hayîm* «source de vie», dont nous devons l'analyse à S. Munk. On trouve fréquemment des doctrines analogues chez les contemporains chrétiens d'Ibn Sab'în, saint Bonaventure et le grand Thomas d'Aquin, comme chez leurs successeurs du xive et du xve siècle. Bien que notre auteur, comparé aux anciens péripatéticiens arabes, ses devanciers, ne possède pas une grande originalité, il se recommande néanmoins par ses connaissances approfondies en philosophie grecque, et c'est pour cela qu'il semble bien mériter le titre de *soufi suivant la méthode des philosophes* (صوفّي على قاعدة الفلاسفة).

TABLE DES MATIÈRES.